打撃伝道師

神奈川から甲子園へ——県立相模原で説く『コツ』の教え

県立相模原高等学校教諭
佐相眞澄

KANZEN

はじめに

2019年夏の神奈川大会準々決勝において、これまで一度も勝てなかった横浜に初めて勝つことができた。終盤まで0対5の劣勢も、7回に5点、8回に3点を奪って、8対6の逆転勝ち。9回表に無死一、二塁のピンチを迎えるも、エース天池空を中心にした守備陣がよく守り、夏の神奈川大会4連覇を狙った横浜を下した。県立相模原にとっても私にとっても、初の夏のベスト4入りとなった。

横浜、東海大相模、慶応義塾、桐光学園のことを、私は神奈川の「四天王」と勝手に位置付けている。四天王を倒さなければ、甲子園は見えてこない。私立の強打線を抑えるのは難しいので、ある程度の失点は覚悟したうえで、打ち勝つしかない。あの横浜戦の終盤は、思い描いていたとおりの展開となった。

印象深いのが、7回の風間龍斗のタイムリー二塁打と、8回に飛び出た中野夏生の逆転二塁打である。いずれも、高めの失投をとらえたもので、入学時から「高めのレベルスイング」を徹底して練習してきた成果を、大舞台で発揮することができた。

8点取られたら、9点取る。それが、私のスタイルである。高校野球の監督になる前に、相模原市内の中学校で24年間、監督を務めていたが、そのときから〝打ち勝つ野球〟を追求してきた。全国各地の指導者講習会で打撃指導の講師を務めたこともあり、本書のタイトルにもあるように、「打撃伝道師」と呼んでいただけるようにもなった。

聞くところによると、横浜が夏の大会で県立高校に敗れるのは1990年以来のことだという。県相模原の選手の中には、校歌を歌いながらうれし涙を流している選手もいた。ただ、私はというと、不思議なもので冷静だった。知り合いのライターからは、「泣くかと思いました」と言われたが、決して甲子園出場が決まったわけではない。翌々日には準決勝がある。相手は、横浜と並ぶ全国屈指の強豪・東海大相模だ。勝利の喜びをかみしめながらも、次戦を考えている自分がいた。

その準決勝は、7回まで2対4と食い下がるも、8回に突き放されて2対11のコールド負け。東海大相模とは、2018年夏の北神奈川大会準々決勝でも戦い、県相模原が9回表まで8対6と勝っていたが、9回裏に森下翔太選手（中央大）に同点2ランを打たれ、最後はサヨナラ負けを喫した。その思いがあったからだろう、門馬敬治監督には勝利への執念が見えた。10点目をスクイズで取りに来たところは、完全に予想外だった。たとえ、得点差が開いても攻め手を緩めない。１点１点の積み重ねが勝利につながることを知っているからこその、戦い方だろう。

横浜に勝っても、次に東海大相模がいる。ロッククライミングでいえば、目の前に垂直の壁が立ちはだかっているようなものだ。一枚を登り切っても、もう一枚の壁が待っている。さらには桐光学園、慶應義塾、桐蔭学園、日大藤沢など、力のある私立がひしめく神奈川。県立の夏の甲子園出場は、１９５１年の希望ケ丘が最後となる。市立で考えても、夏は１９９０年の横浜商までさかのぼる。

それゆえに、県立高校が神奈川を勝ち抜くのは至難の業だ。でも、だからこそ、やりがいがある。前任の県立川崎北では、２００７年秋に準決勝に勝ち進んだが、慶應義塾に逆転負け。２０１２年から就任した県相模原では２０１５年春に準優勝を遂げ、初めて関東大会に出場したが、甲子園には手が届いていない。それでも、高校野球の監督になって15年、一歩ずつ着実にステップアップしている手ごたえはある。

地元では「県相（ＫＥＮＳＯ）」の名で親しまれている県相模原は、県内屈指の進学校であり、野球部員も難関の国公立大や東京六大学を目指して、勉強に励んでいる。大会での結果とともに年々部員数が増え、２０１８年には90名の部員数を誇った。平日の練習時間はおよそ2時間半で、そのあとに学習塾に通う選手もいる。時間をいかに有効活用するか。野球でも勉強でも、効率のいい取り組みが成長のカギを握る。

私が日ごろから大事にしているのが、正しい努力をすることだ。バットを振るにしても、やみくもに振るのと、理論や課題をわかったうえで振るのでは、1本1本の重みが変わってくる。そのために伝え続けているのが、「骨（コツ）」の重要性である。コツを知らなければ、正しい努力をすることもできない。グラウンドの三塁ベンチのところには、「技術向上の骨」「努力の骨」「上達の骨」と書いたボードがあり、コツを得るための細かなポイントを記している。短い時間で大きな成果を出すには、コツの理解が欠かせない。

ありがたいことに、県相模原の練習に興味を持つ指導者が多く、毎年のように全国から見学に訪れている。隠すことは何ひとつなく、質問にはすべて答える。見学に来る方は、公立の指導者が大半で、「公立をいかにして強くしたのか」に興味があるようだ。

そこで、本書では「チーム作り」「上達の秘訣」「技術向上」「メンタル強化」「指導者として生きる」の5つの観点から、成長するためのコツを紹介していきたい。スポーツ推薦がない環境のなかで、県立の進学校がどのように取り組めば成果を出せるのか。チーム運営や技術指導に悩む指導者のみなさんの助けになれば幸いである。

打撃伝道師

神奈川から甲子園へ――県立相模原で説く『コツ』の教え

県立相模原高等学校教諭

佐相眞澄（さそう・ますみ）

1958年8月31日生まれ、神奈川県相模原市出身。法政二高から日本体育大へ進学。強打の外野手として大学4年時に明治神宮大会優勝を果たした。卒業後は相模原市立新町中から大沢中、東林中に赴任。大沢中では1992年に全日本少年軟式野球大会3位。東林中では1998年の全国中学校軟式野球大会で3位など数々の成果を挙げた。2005年に川崎北高の監督に就任すると県立校ながら、打ち勝つ野球で2007年秋の県大会でベスト4。2012年に県立相模原高に着任。2014年夏にベスト8、同年秋にベスト4、2015年春は準優勝を遂げ、同校初の関東大会出場を果たす。2018年夏は準々決勝で敗れるも、東海大相模を9回まで8対6とリードした。2019年夏はノーシードから勝ち上がり、準々決勝では横浜を打撃戦のすえに下し、創部初のベスト4進出。名門校を倒した県立校として、大きな話題を呼んだ。

監督としての主な実績

学校	年		県	関東	備考
相模原市立大沢中（1987～1996）	1992	春	優勝		全日本ベスト4
相模原市立東林中（1996～2005）	1997	夏	準優勝	準優勝	全中ベスト8
	1998	夏	優勝	優勝	全中ベスト4
	1999	夏	優勝	1回戦	
	2001	夏			全国AA選抜Kボール優勝

学校	年		県	関東	備考
県立川崎北高（2005～2012）	2007	秋	ベスト4		3回戦で桐蔭学園にコールド勝ち
	2008	夏	ベスト8		自身初の夏ベスト8入り
	2010	春	ベスト8		春は初めてのベスト8進出
	2011	秋	ベスト8		準々決勝で横浜と初対決
県立相模原高（2012～現在）	2014	夏	ベスト8		就任3年目でベスト8に導く
	2014	秋	ベスト4		桐光学園に0対2の接戦も敗退
	2015	春	準優勝	1回戦	創部初の関東大会出場
	2018	夏	ベスト8		東海大相模追い詰めるも惜敗
	2019	夏	ベスト4		準々決勝で横浜に逆転勝ち

※2008年夏、18年夏は北神奈川大会

第1章 チーム作り

環境は人がつくる、その環境が人をつくる

指導者人生を振り返ると、相模原市立新町中、大沢中、東林中、神奈川県立川崎北高、相模原高と、中学でも高校でも公立（県立）を率いてきた。スポーツ推薦もなければ、専用グラウンドも室内練習場もなく、当然のことながら寮もない。中学校には学区制があるため、地元の生徒だけで戦うのが当たり前だった。

こうした環境ではあるが、大沢中で全日本少年軟式野球大会ベスト4、東林中で全国中学校軟式野球大会ベスト8、ベスト4、さらに全国AA選抜Kボール野球大会優勝と、一定レベルの結果を残すことができた。高校では川崎北で秋ベスト4、県相で春の神奈川大会準優勝、関東大会出場、昨夏のベスト4入りと、まだ〝甲子園〟には手が届いていないが、強豪私立がひしめく神奈川において、着実に力をつけている手ごたえがある。

選手に常に言っているのは、「野球は私立、学校は県立」だ。

県立だからといって、私立に負けていいわけがない。県立も私立も、同じトーナメントで戦う限り、環境のハンディを言い訳にすることはできない。環境が悪いのならば、自分

たちの手で作っていけばいい。室内練習場を作ることはできなくても、ちょっとした工夫で、練習環境を整えていくことはできるはずだ。

チームを作るにあたって、胸に留めている言葉がある。

『環境は人をつくる　その環境は人がつくる』

これは、私が大沢中に勤めていたときの校長・成井源司先生（当時）の言葉だ。現在、大沢中の正門にはこの言葉が刻まれた石碑が飾られている。

私が大沢中に赴任したのは、１９８７年のこと。校内暴力全盛時代で、荒れている学校が多かった。大沢中もなかなかの荒れっぷりで、今だから話せるが、校内をバイクで乗り回す生徒もいれば、シンナーを吸引して暴れ、補導される生徒もいた。ドアがないトイレも、そこら中にあった。

この環境を立て直したのが、成井先生だったのだ。成井先生は、「花いっぱい運動」を始めて、グラウンドの中庭に花壇を作り、廊下には鉢植えを置くようにした。校長や教員が中心となり、水をやり、土の手入れを行い、環境を整えた。学校全体で「花いっぱい運動」を続け、私が在籍していた9年の間に、校内の雰囲気が見違えるように変わっていった。

この成井先生の言葉をベースに、私なりにアレンジしたのが『環境は人がつくる　その環境が人をつくる』という言葉だ。環境をつくるのは人の力であり、その環境によって、人がつくられていく。環境が変われば、人は変わる。

たとえば、東林中には数えきれないほどのボールがあった。打ち勝つチームを作るには、ボールの数が多くなければいけない。数が少ないと、存分に打ち込みができずに、ボール拾いの時間が必要になるからだ。その時間がもったいない。バッティングセンターのおじさんと良好な関係を築き、使わなくなったボールをもらっていた。

今でも思い出すのが、川崎北に赴任したときのことだ。川崎北のグラウンドは陸上部やハンドボール部との共用のため、平日の放課後にフリーバッティングができなかった。だから、どうしても打力に課題があった。どれだけ理論を知ったとしても、前から来るボールを数多く打つ経験をしなければ、実戦で打てるバッターにはなっていかない。

どのようにして、バッティング練習の環境を作るか。私は、バックネット裏に向かって打つことを思いついた。バッティングケージの上をネットで覆い、ケージとネットをくくりつけることによって、打球が外に出ないような工夫をした。選手と一緒に作り上げ、「これで、毎日フリーバッティングができるぞ！」と言うと、選手から大きな歓声が上がった。

私が中学でそれなりの実績を残したとしても、高校生からしてみれば、「高校野球で教

えられるのか?」という不安が少なからずあったはずだ。なかには、反発心を持つ選手もいたことだろう。バッティングケージを作ってから、私のほうを向き始めたように感じる。

今の県相でも、川崎北のときと同じようにネット裏に向かってバッティングを行っている。マシン2台に、手投げ2人。ピッチャーが入るため、真剣勝負である。ストレートも変化球も何でもありのミックス。バッテリー間は16メートルほどなので、難易度は高い。トップに入るタイミングが遅いと、打つことはできないため、必然的にバッターの準備が早くなっていく。打球の目標を定めるために、ピッチャー後方のネットにはロープを貼っている。地面から3~4メートルほどの高さだ。その高さに打てば、ライナーでヒットになる目安である。高い放物線でホームランを打てるのが理想だが、そこまで力のあるバッターは少ない。低いライナーで右中間、左中間を抜けていく打球を追い求めている。

バッティングピッチャー側にもひと工夫を加えている。川崎北のときは、平地からピッチャーが投げていたが、今は移動式マウンドの上で投げている。マウンドの上から投げることによって、実戦に近い状況で打つことができるのだ。ほかにも、手作りのトレーニング用具がたくさんあり、私学のようにお金はかけられないので、ハンドメイドで勝負。工夫次第で、戦える環境を作ることができる。

チーム強化に欠かせない保護者の力

環境作りに不可欠なのが、保護者の存在である。

こんなことを言ったら怒られそうだが、私はアイデアを口にするだけで、実際に形にするのは保護者であることが多い。アイデアはたくさんあるのだが、不器用なのでDIYは苦手。だから、保護者には頭が上がらない。移動式マウンドを作ってくれたのも、保護者である。OBのみなさんにも、多大な協力をいただいている。

ほかの高校の監督にはびっくりされるのだが、私は保護者と飲みに行くし、カラオケにも行く。踊りを踊ることもあれば、デュエットすることもある。中学の指導者のときからやっていたことを、高校でもそのまま続けている。昨秋、三重に2泊3日の遠征に行ったときにも、同行していた二十名ほどの保護者と毎晩懇親会を開いていた。

「親と飲むなんて考えられません。最後の謝恩会のとき、初めてじっくり話すぐらいです」という私立の監督もいる。私立の場合はそれでもいいかもしれないが、県立は親の協力なくして、戦うことはできない。その考えは、中学から変わっていない。もちろん、1対1

で食事に行くと、周りから「依怙贔屓」と見られる可能性もあるので、懇親会は遠征の夜や何かの集まりのときに行うなど、気を付けている。

昨今、高校野球の指導者の悩みのひとつが、保護者との関係性だろう。保護者とうまく付き合うことができず、チームの指導に専念できない悩みも耳に入ってくる。それゆえに、親しい監督からは、「佐相先生は、どうやって関係性を築いているんですか？」と聞かれることもある。

答えはひとつ。積極的にコミュニケーションを取り、監督の想いや考えを伝えていくことしかない。保護者が練習試合を見に来たときには、今の状況を積極的に話すようにしている。懇親会も、想いを伝えるひとつの場である。

文明の利器を生かして、保護者とのＬＩＮＥグループも作っている。そこに今のチーム状況やお願いしたいことを発信する。土日に仕事があれば、グラウンドに来られない保護者もいるが、ＬＩＮＥであれば誰でも読むことができるであろう。

人の心理として、距離を取れば取るほど、本心とは違うことが伝わったり、誤解が生まれたりするものである。私はそれがイヤなので、あえて近づいていく。保護者よりも年齢が若い監督には、まだ難しいことかもしれないが、「自分の想いを積極的に伝える」を実践していけば、支援者が増えていくはずだ。

親との関係性を深めることによって、親から我が子（選手）の情報が入ってくることもある。家での生活や、親への言葉遣いなど、監督としてなかなか見えてこないところだ。そうした情報を得られるのは、とてもありがたい。グラウンドでのプレーが甘い選手は、生活そのものが甘いことが多いので、「家で自分のことを自分でやっているのか？　親に甘えてばかりいないか？」と話すことができる。

中学のときからこうした付き合いをしていたので、子どもが卒業したあとにも、関係が続いていることが多い。今でも新町中、大沢中、東林中時代の保護者や教え子が、試合をわざわざ見に来て、声援を送ってくれる。応援が多ければ多いほど、エネルギーになる。子どもが在籍していた中学の3年間、高校の3年間だけでなく、その後もいい関係でいられることは、指導者として何よりうれしいことだ。

そもそも、私は人が大好きである。人生は、人と人のつながりによって豊かになるもので、ひとりでは生きていけない。周りの人に助けてもらうことがたくさんある。助けてもらった経験をすれば、今度は自分が助けてあげようと思うものだ。勝利がすべてではないが、〝甲子園出場〟を果たして、これまでお世話になったみなさんに恩返しをしたい。

〝束〟になって戦う強さ

束になる――。

2012年に県相の監督に就いてから、口癖のように使っている私の大好きな言葉である。

選手、指導者、保護者、学校、地域、スタンドが一体となって、束になって戦う。選手の力だけでは勝てないし、指導者の力だけでも勝てない。そこに、保護者、学校、地域、スタンドの力が加わることによって、多大なエネルギーが生まれ、強豪私立に立ち向かっていくことができる。束は2本よりも3本、3本よりも4本、数えきれない無数の力が加わった方が強いのは間違いのないことだろう。

これは、県立の強みだと感じるが、地域の力を得やすい環境にある。地域住民の方々が、応援してくれていることを肌で感じるのだ。地元・相模原市出身の選手が多いことや、私自身が相模原市で育ったことで（相模原市立上溝小～相模原市立上溝中）、〝地元愛〟を感じやすいのも関係しているのかもしれない。

地元のお店で食事をすることが多いのだが、まったく知らない人から、「夏、応援していました！」と声をかけてもらうことも増えた。「横浜に勝ったときは感動して、涙が止まりませんでした」と言ってもらったこともあり、素直にうれしかった。こういう声を聞くと、自分たちだけが戦っているのではなく、地域一体となって、甲子園出場に向かっていることを実感する。

野球のプレーには打つ・投げる・走るの三要素があるが、学生野球においては〝見えない力〟が勝敗を左右することがある。3万人近いお客さんが集まる夏の横浜スタジアムで、自分が持っている力を存分に発揮するのは、大人でも難しい。そのときに、応援してくれる人がひとりでも多ければ、とても心強いものだ。

中学時代は、「三位一体」という言葉を好んで使っていた。意味は同じである。選手、保護者、学校の力がひとつになったときに、公式戦で力を発揮できる。余談だが、学校の先生に応援してもらうために、「女性の先生が髪を切ったときには、『先生、髪切ったんですか？　似合っていますね』と言ったほうがいいぞ」と教えたこともある。さすがに、高校生には言わないが。

今は四位一体、五位一体（そんな言葉はないけれど）、年数が経つごとに、サポートしてくれる人が増えている実感がある。あるとき、インターネットで「束になる」という言葉を見つけて以来、「三位一体」ではなく「束になる」を使うようになった。

選手は日々の練習を全力で頑張っていて、学校生活も真面目。進学校ということもあり、勉強に真面目に取り組むのが当たり前、という空気がある。昨夏の大会中、一般生徒が「野球部の子たちは、授業中も一切手を抜かず、部活も1年中努力し続けています。彼らには本当に甲子園に行ってほしいと思っています」とツイッターで呟いていて、私もうれしい気持ちになった。誠実に頑張ることが、周りから応援される一番の要因となる。

ただ、そこは高校生だ。特にまだ学校に慣れない1年生のときは、クラスでちょっとした問題が起きることもある。たとえば、担任や教科の先生から、「野球部の子が……」という話が入ってきたときには「まだ入ったばかりです。これからグラウンドで心を鍛えて、いい男になりますから、見守っていてください。3年生になればクラスのリーダーになりますから」と必ず言うようにしている。実際、学年を経るにつれて、心身ともに逞しくなっていく。

教員間の関係も大事になる。こうして野球部が注目されるようになったが、それを良く思わない先生もいるかもしれない。だから、部活だけにならないように、仕事はきっちりとやる。県相に来たときには、ほかの体育科の先生に誘われて、一緒に山を登ったこともあった。腹を割って、お互いのことを話してみると、誰もが「生徒の成長のために力を尽くしたい」と思っていることがわかる。

一般生徒とすれ違うときには、できるだけ声をかけるようにしている。「部活どう？」「勉強頑張っている？」「いつも、応援ありがとうね」など、たわいもないことでいい。そこから、いろんな話に広がっていることもある。やっぱり、私の根本にあるのは人が好きということ。怖い顔ばかりしていて、野球部の監督には話しかけにくいな……と思われるのは何の得にもならない。コミュニケーションを取ることで、私自身のことをわかってもらい、信頼関係を築いていきたいと考えている。

昨夏、５回戦で横浜商にサヨナラ勝ちをおさめたあと、チアリーダーの子たちに「校長に相談したところ、準々決勝の横浜戦は全校応援になるかもしれない！」と言うと、泣いて喜ぶ子がいた。残念ながら、実現には至らなかったが、そこまで喜んでくれたことがうれしい。準々決勝で、横浜に勝ったあとには、「佐相先生、おめでとうございます！」とたくさんの生徒に声をかけてもらった。夏の大会の応援は本当に大変だと思うが、楽しみにしている生徒たちが多い。

チャンステーマ「KENSOUL」誕生秘話

「束になる」を実現させるために、ここ数年で特に力を入れているのがスタンドの応援だ。夏の大会になると、「県相の応援がかっこいい。ひとつにまとまっている!」と褒めてもらえることが多いのだが、一体となった応援に、グラウンドで戦う私たちも大きな勇気をもらっている。学校の生徒が本気で応援して、心から喜んでいる姿を見ると、束になる強さを実感する。

じつは、県相に赴任した当初は、応援部主導の応援でなかなかリズムに乗り切れなかった。夏の大会2カ月前に、他部から有志による応援団が加わる状況でもあったのだ。その気持ちはうれしいのだが、野球の試合の流れに合った常設の応援団が欲しかった。それだけ、応援の力は、戦っている選手の背中を押してくれるのだ。

一体感を出すために、さまざまな工夫をした。まずは、スタンドの色。学校のスクールカラーは緑色だが、明るさを出すために、メガホンや応援タオルはオレンジにした。個人的に、オレンジは私の好きな色であり、母校・法政二、ファンである巨人の色でもある。

それもあり、ユニホームもオレンジを入れている。これは、私がデザインしたもので、高校野球の世界にはあまりない色合いではないだろうか。

ちなみに勝手に変えたのではなく、就任する前に県相のOB会に出席して、ユニホームのデザインに込めた想いを伝えたうえで、了解を得た。こういう段取りは絶対に必要で、OBにとってユニホームが変わるのは複雑な気持ちになるものだ。「新しい監督が勝手に変えやがって！」と思われたら、お互いが幸せな気持ちにならないのではないか。

応援の話に戻すと、もうひとつ重要視したのが吹奏楽部による応援歌だ。県相の吹奏楽部はレベルが高く、県のコンクールで金賞を受賞したこともある。そのうえで、県相を強くした安西雄紀先生にお願いしたのは、『チャンスになったときはこの歌！』というように、演奏する応援歌を絞ってもらえませんか？」。レパートリーが多く、チャンスになってもなかなかスタンドが盛り上がらないように感じたのだ。

いい雰囲気になってきたのが、2015年の世代である。前年秋にベスト4に入ると、春は準優勝となり、創部初の関東大会出場。夏は横浜・藤平尚真投手（現・楽天）を打ち崩せずに、4回戦で0対3で敗れたが、県相を率いてからもっとも力のあるチームだった。

この年あたりから使い始めているのが、チャンステーマの「KENSOUL（ケンソール）」だ。群馬や栃木に伝わる民謡・八木節を、安西先生が編曲し、野球応援に加えてくれた。
出会いは、偶然だった。ある日の練習中、音楽室からノリのいいメロディが聴こえてきたのだ。そばにいた女子マネージャーと顔を合わせて、「この曲いいじゃん！　お願いして、応援に使ってもらおう！」と考えが一致した。すぐに、音楽室にマネージャーを向かわせて、「この曲、応援で使えませんか！」とお願いした。そのあと、私も安西先生に相談して、レパートリーに加わったのだ。もちろん、そのときは「八木節」という曲であることすら知らない。とにかく、リズムとテンポが良くて、「絶対に野球応援で使える！」と確信したのだ。

私立の場合、私が〝四天王〟と呼ぶ東海大相模、横浜、慶応義塾、桐光学園には、伝統的な応援歌がある。それぞれのチャンステーマを聴くと、やっぱりイヤなもので、圧を感じる。東海大相模であれば、「T・O・K・A・I」でおなじみの応援歌。スタンドの観客も、毎年聴いている応援だけに自然とリズムに乗っていく。監督の私からすると、ベンチの向かい側に相手の応援団が陣取っているため、自チームよりも相手の応援のほうが耳に入ってきやすいのだ。

県立の場合、定番の応援歌はよく聴くのだが、それではオリジナリティーがなかなか生まれない。だからこそ、KENSOUL＝県相模原と思われるぐらい認知され、〝魔曲〟に育ってくれるとうれしい。ベンチの中では、KENSOULが流れると得点が入りそうなムードになる。そのほか、「狙いうち」も私の大好きな曲である。

2019年からは応援指導のプロフェッショナルを招いて、さらに応援を進化させた。横浜高校のOBで、長年にわたり横浜高校の応援部を指導していた石橋宏一さんである。普段は、神田駅の居酒屋「神田魚援團」の店主なのだが、時間があるときに県相に来てくれるようになった。フェイスブックで知り合って以降の付き合いで、一度お店に食べに行ったときに、石橋さんのほうから「一度、応援を見ましょうか？　どんなスタイルなのか見てみたいです」と声をかけてくれたのだ。

県相は応援指導の先生がいないため、野球部、吹奏楽部、チアリーダーの3団体による自主的な話し合いで、応援のやり方を決めていた。そこに石橋さんが加わり、球場によってチアリーダーが立つ位置を変えたり、曲の使い方を変えたり、プロの視点からアドバイスをくれるようになった。私は細かいところまではわからないのだが、2018年と比べると、応援団の配置や応援の流れが、大きく変わっているはずだ。

LINEで共有「佐相のつぶやき」

石橋さんとは「フェイスブックでつながった」と書いたが、ツイッターやフェイスブック、LINEなど、スマホで使えるアプリをフル活用している。SNSを見ていると、さまざまな練習法や考え方が発信されているが、自分の理論に合うなと思えば、すぐに試すこともある。フェイスブックでは、全国の先生と知り合うことができ、その中で学ぶことが多い。

高校野球のファンとも、常識の範囲内で積極的に交流している。それによって、県相を応援してくれる人がひとりでも増えてくれたら、うれしいことだ。監督によっては、一般の方と「あまり付き合いたくない」と思う人もいるだろうが、私はそうは思っていない。これもまた、私の「人が好き」と関係していることだと思う。

チーム作りで生かしているのが、「佐相のつぶやき」を共有することだ。練習試合でも公式戦でも、私がベンチで叫んだり、ボソッとつぶやいたりしたことを、そばにいる女子マネージャーがすべてメモしている。今その瞬間に起きたプレーに対して、アドバイスしているので、そのときにしか拾えない声がある。「あとで、ミーティングで話そう」と思っても、忘れてしまうことがあるものだ。だから、「このプレーのときに、監督がこう言っていた」というメモがとても大事になってくる。

マネージャーはメモしたうえで、選手間のグループLINEに送信して、全選手が確認できるようにしている。そうすれば、ひとりのプレーに対しても、全員が共有できるようになるのだ。「あいつのことだろう。おれは関係ないよ」では、絶対に伸びていかない。マネージャーも慣れてくると、監督が言いたいこと以上のことを書いてくれることもあり、非常に助かっている。

マネージャーはチームのために献身的に動いてくれていて、試合中はさまざまな角度から、スマホを使って動画を撮影している。ピッチングやバッティングのフォームを撮影するためだ。一塁側から三塁側まで、スタンドを走り回っていることが多い。それをまた、LINEに流すことによって、選手自身が確認できるようになっているのだ。昔はビデオカメラがなければ撮影できなかったが、今はスマホひとつで簡単に動画を撮れる時代になった。こんな便利な世の中なのだから、文明の利器を生かさない手はない。自分のスイングを映像で見ると、実際の動きと感覚を擦り合わすことができ、技術向上に役立つ。

私も、選手にさまざまなことを発信している。ツイッターのダイレクトメッセージ機能を使って、参考にしてほしいプロ野球選手の動画や、気になる記事をアップ。以前は、私もＬＩＮＥグループに入っていたのが、県立高校全体で「教員と生徒のＬＩＮＥを禁止する」という決まりが作られてから、ＬＩＮＥを使うことはやめた。さまざまなトラブルが起きているのが禁止の理由のようだが、正しい使い方ができれば、選手の成長の手助けになるのではないかとは思う。

昨年の誕生日には、簡易型のドローンをプレゼントしてもらった。夏の長野合宿のときに、保護者が持っていたドローンを操縦させてもらったところ、想像以上に簡単で面白かったのだ。指導に生かせるところがあるはずと、興味が湧いた。

実際に、選手のスイングを撮影してみると、今まではなかった視点で動きを確認することができた。撮影した動画をＬＩＮＥで共有することによって、選手自身も新たな気付きを得られるはずだ。プロ野球中継を見ていると、ドーム球場の天井カメラからの映像が放送されることがあるが、バッターのスイング軌道など学べるところがある。せっかくいただいたものなので、これからはさらにドローンの活用法を考えていきたい。それを考えるだけで、ワクワクする。

学校では個人、球場ではチーム力を上げる

日ごろ、放課後の練習は2時間半程度。曜日にもよるが、16時から18時半ぐらいまでだ。土日に関しても、練習試合をのぞけば、半日で終わることが多い。家での勉強の時間や塾に通う時間を確保するとともに、私自身が長くだらだらとした練習が嫌いなのだ。短い時間にパッパッパッと集中して、やるべきことに取り組んだほうが、成果が上がる。それに、「もうちょっと練習をしたいな」と感じるぐらいのほうが、自主練習に励むし、翌日の練習に向かうエネルギーになるはずだ。

平日は月曜が休みで、残りの2日は学校、2日は近くにある横山球場で練習することが多い。学校で行う日は、股関節や肩甲骨のストレッチを入れてから、グラウンドの脇にある傾斜10度ほどの坂道を、上り20本、下り3本走る。その後、4班にわかれてのローテーションに入る。もっともエネルギーを使うダッシュは、体力が余っている練習のはじめにやる。このほうが全力を発揮することができる。瞬発力を高める狙いがあるので、疲労がたまった練習の終盤にやってしまっては、スピードアップにつながっていかないからだ。

じつは、初任の相模原市立新町中では、はじめの6年間、水泳部の顧問を務めていた。門外漢ではあったが、負けるのは悔しい。自分なりに指導法を勉強し、メドレーリレーで関東大会3位に入るなど、それなりの結果を残すことができた。メニューで意識したのが、練習の最初に25メートルを全力で泳ぐスプリントを組み入れたことだ。野球の坂道ダッシュと同じ狙いがあり、スピードトレーニングは体も心も元気なうちにやる。それに、後半にきついメニューを入れると、選手の本能として「スタミナを残しておこう」と思ってしまう。疲れたときに走ることで、ケガにつながる恐れもあるだろう。

現役時代を振り返ると、練習の最後にベースランニングが組み込まれていた。どうして、最後の最後にまた走らないといけないのか。現役時代にイヤな思いをしたことは、できる限り、やらないように心がけている。

ローテーションメニューは、フリーバッティング・ティーバッティング・トレーニング・守備の4班にわけて、25分~30分の時間でぐるぐると回していく(部活の時間を見ながら、日によって多少の前後はある)。グラウンドにはモルテンのタイマーがあり、選手がタイムを見ながら、終了時間を伝えている。女子マネージャーがタイムを計っている学校もあるとは思うが、誰もが見えるところにタイマーを置いたほうが便利だと思う。

ローテーションメニューは、年間通して基本的に変わらない。3年前から、横山球場を使えるようになったのが大きく、「学校では個々のレベルアップ」、「横山球場ではノックやシートバッティングを中心にしたチーム練習」に重点を置く。横山球場を借りるときも、全選手を連れていくことはせず、練習の前半と後半で学校組と球場組を入れ替えるようにしている。個人の能力を上げる時間を確保しておかなければ、もともと能力が高い強豪私立との差を埋めることはできない。

そう考えると、この環境が県相のチーム作りに合っていると思う。もし、グラウンド全面を使える環境だったら、フリーバッティングや実戦的なノックに時間を割いて、個人能力の向上にかける時間が減っていたかもしれない。だから、学校と球場を併用できていることが、非常にありがたい。たとえば、横山球場で守備がうまくいかなかったとすれば、翌日、学校の守備練習で課題に取り組むことができる。実戦でできなかった課題を、練習で改善しようとするサイクルがうまく成り立っている。

そもそも、横山球場は硬球を使うのが許可されていない時期があったのだが、さまざまな人の協力のもと、打球が外に飛び出ないように、バッティングケージのネットを改良してくれた経緯がある。こうした支援には、感謝の気持ちでいっぱいである。

「時短」を意識したさまざまな工夫

短い時間で集中するために、日ごろの練習からさまざまな工夫を入れている。

「時は金なり」とは昔から言われている格言であるが、人間で唯一平等なのは「1日＝24時間」という時間である。これは、小学生も高校生もプロ野球選手も一緒。この時間をいかに充実させていくか。平日2時間半の練習を考えると、のんびりしていたらあっという間に終わってしまう。

ローテーションのいいところは、休んでいる選手がひとりもいないところだ。個人が必ずどこかで練習をしているので、時間を無駄にすることがない。これが外野に打ちっぱなすフリーバッティングになると、打席を待つバッターや、守備を待つ選手が出てきて、どうしても効率の悪い練習になってしまう。

メニューとメニューの移動は、必ずダッシュで動く。時短を意識するために、チーム全体で「3歩以上はダッシュ」を徹底づけていて、グラウンド内で歩くのはご法度。グラウンドにあるホワイトボードにも、「3歩以上はダッシュ」と選手自ら書いていて、チーム全体の意識として浸透している。これは、昨秋の県大会2回戦で立花学園に負けたあと、選手がもう一度確認する意味で書いたものだ。1年生のうちは、すぐに動けないこともあるが、先輩の動きを見て、自然に真似ていく。先輩が動いていなければ、後輩も動かないので、上級生がいいお手本にならなければいけない。

たとえダラダラ移動したとしても、1日に生まれる無駄な時間はたった数分かもしれない。それでも、これが1年間、さらに3年間の積み重ねと考えると、数時間の差が生まれる。時間を有効活用するために、できるだけ無駄な時間は省いていきたい。

ほかに、こんな工夫もある。

守備練習をするときには、自分のすぐそばにトンボを置いておく。そうすれば、グラウンドが荒れたときに、いちいち整備の時間をもうけなくても、ササッと土をならすことができる。25分~30分のローテーションのなかで、これによって何球のノックを受けられるかまではわからないが、可能な限り〝時短〟に努める。〝時短〟の意識が当たり前のことになれば、グラウンド外でものんびりした時間をなくしていけるのではないだろうか。

また、指導者からの指示の声を通すときには、「連呼」を意識させている。大きな声を出して、選手同士で言葉をつなげていく、という意味だ。伝言ゲームのように、パパパッと指示が伝わっていくので、余計な時間を省くことができる。だから、キャプテンをわざわざ呼ばなくても、近くにいる選手に指示を出せば、チーム全体に伝わっていく。些細なことと思われるかもしれないが、指導者の指示が遠くにいる選手にすぐに伝わることは、チーム作りにおいてとても大事な要素となる。試合中、外野のポジショニングを動かしたいときに、ベンチからの指示が瞬時に伝わらなければ、それが負けにつながることもあるわけだ。

時間という意味で、もうひとつ意識しているのが、監督によるミーティングだ。県相の場合は、下校時間ぎりぎりまで練習をして、私のミーティングは1分もしないうちに終わる。

「どうだ、今日うまくなったか？　ケガはないか？　交通事故にだけは気を付けて帰れよ。以上！」

こんな感じで、10秒で終わることもある。見学に来た他校の指導者が、「もう終わりですか？」と驚くことも多い。

試合後のミーティングも、負けたときでも長くて10分。言いたいことを、パパッと言って、終わりだ。1時間や2時間もしゃべる監督もいるようだが、私からすると信じられない話である。

なぜ、短いか。ひとつは、必要なことや気づいたことは、その都度、選手に対して喋っているし、試合中は「佐相のつぶやき」をマネージャーがメモしてくれている。グループLINEへの送信は、すでに紹介したとおりだ。だから、あらためて、くどくどと喋る必要もない。私が話す時間があるのなら、彼らがうまくなるための練習時間を確保してあげたい。

学生時代を振り返ってみても、長いミーティングが本当にイヤだった。覚えているのは、最初の3分ぐらいで、あとは「早く終わらないかなぁ」としか思っていない。思考停止状態だ（あくまでも、私の場合はだが）。何か聞かれたときに、「ハイ！」と良い返事をするのも、監督の話が早く終わってほしいから。今、指導に当たっているみなさんも、高校生や大学生のときにそうした思いをしているのではないだろうか。1時間話したことを選手が忘れているとしたら、それは選手の責任ではなく、ミーティングの長い監督にも責任があるように思う。

こうした苦い思い出があるので、選手に伝えたいときほど、短い時間で、端的な言葉で伝えるように心がけている。

心技体の「技」から教える

「心技体」という言葉があるが、指導者によって何をどんな順番で教えるか、考えがわかれるところだろう。私の場合はピラミッドで考えると、技と体が一番下にあり、そのうえに心が乗ってくる。技と体が変わってこなければ、自信がつかないし、「私立を倒してやろう！」という気持ちも生まれてこない。

でも、体はすぐには変わらない。トレーニングの成果が出るまでには時間がかかる。じつは、一番変化を感じやすいのが技術なのだ。川崎北でも、県相でも、赴任してすぐにバッティング指導を行い、選手たちが「この監督の言うことを聞いておけば、打てるようになる」と思ってもらえたことで、信頼を得られるようになった。もちろん、技術を定着させていくには時間がかかるが、トップの位置や下半身の使い方を変えたりすることで、短時間でも「お！」と思わせることはできる。それは、投げることも守ることも一緒。何かアドバイスを送ったあとに、その選手のプレーが変わらなければ、指導者としての存在感がなくなってしまう。

中学生の場合は、「お前なら打てる！」というある程度の暗示も通用したが、高校生は暗示が通用するほど幼くない。だからこそ、技術指導によって、「これで打てる！」と自信を持たせることが、その先の心の成長にもつながっていく。最初から心の指導をしても、ある程度の技術と体力がなければ、土台のもろいピラミッドになってしまう。

高校生もいろいろな性格の子がいるが、野球選手である限りは、誰もが「うまくなりたい」「もっと打てるようになりたい」と思っているもの。はじめは、こちらの指導を素直に受け入れない選手であっても、選手自身がちょっとでも良くなる手ごたえをつかんだら、だんだんと心を開いてくれる。特に異動してすぐの3年生は、前監督の影響が残っていることが多いので、「おれにはおれの打ち方がある」と良くも悪くも頑固な一面がある。

指導者としては、選手との信頼関係を築くためにも、技術指導の引き出しを数多く持っておきたい。バッティングの詳しい指導法は、第3章で説明しているので、ぜひじっくりと読んでいただきたい。

体作りは、年間通してのトレーニングが必須。どんなにいい形で打っていたとしても、140キロ以上のストレートをはじき返すパワーがなければ、力負けしてしまう。そこは、中学軟式野球との大きな違いと言えるだろう。バットを強く振り、ボールを遠くに飛ばすためのパワーが必要になる。

県相に来てから取り組んでいるのが、放課後の練習中の補食だ。17時をめどに、女子マネージャーが炊いてくれたお米を1．5合食べる。レトルトのカレーをかけるなど、おのおのが好きな具で食べている。練習後に食べてもいいのだが、そうなると、家での夕飯が食べられなくなり、本末転倒となってしまう。夕飯の時間を考えると、17時がちょうどいいように思う。

目標体重は、おおよそ70キロ。もっとあるに越したことがないが、背の低い選手であっても70キロは欲しい。そうでなければ、私立の力のあるピッチャーを打ち返すことはできない。そのためには補食も含めて、1日に4000〜5000キロカロリーは摂ってほしい。栄養士を招いて、保護者向けに栄養講習会を開くなど、体が大きくなるための知識も伝えている。

とはいえ、体重が増えすぎて、自分の動きが鈍くなるようでは意味がない。だから、無理やり食べさせて、体重アップだけに目的を持たせることは絶対にしない。ある程度は、自分で努力して食べる量を増やさなければいけないが、「吐くまで食べさせる」となると、何が目的なのかわからなくなってしまう。

バッターはベンチからボーッと見る

学校での練習は、三塁側ベンチから見ていることが多い。この角度に座ると、バッティング練習をやっている選手を横から見ることができるのだ。トップの位置や体重移動、軸の位置など、後ろから見るよりもわかりやすい。川崎北のときはバッターの後ろ（キャッチャーの後ろ）から見ることが多かったが、今はベンチからの角度を大事にしている。バッターの近くまで行ってアドバイスを送るのは、公式戦の直前のみ。それも、フォームが崩れているバッターに細かく指導するときだけである。

考えてみれば、試合のときはバッターを横から見ることしかできない。であれば、練習のときから試合と同じような角度で見る習慣をつけておいたほうが、試合につながるアドバイスが送れるのではないだろうか。

また、私は普段は眼鏡をかけているが、バッティング練習のときは眼鏡をあえて外すことがある。なぜなら、ボーッと見たいときがあるからだ。ぼんやり見たほうが、バッター全体の動きをとらえられ、修正ポイントが見えてくることがある。細部を見すぎない。「木を見て、森を見ず」ではないが、細部にこだわりすぎると、全体の動きを見逃してしまう恐れがある。

似たような話になるかもしれないが、「同じ選手ばかりを見ない」ことも頭に入れている。毎日毎日見ていると、変化がわかりくいものだ。5日に1回、あるいは1週間に1回見ると、「バッティングフォームが良くなったな」と感じることがある。毎日見ることももちろん大事だが、あえて、日にちを置いて見てみると、新たな気付きを得ることができる。

ただし、そのためには指導者自身が、選手のバッティングフォームを覚えておかなければいけない。「あのときはこの課題があったが、今は改善されつつある」という成長を知るには、元になるフォームを頭に入れておく必要がある。私は自分で言うのも何だが、フォームを覚えるのは得意なほうだ。これは、指導者として絶対的に持っておきたい資質と言えるだろう。

もうひとつ付け加えると、指導者はモノマネ上手でなければいけない。選手に動きを説明するときに、「いまの打ち方こうなっているよ」と指導者が体現できたほうが、伝わりやすいからだ。良い動きも悪い動きも、すぐに真似ができるのが理想となる。あとで動画で振り返るのもいいが、その場で動きを真似できたほうがタイムラグはなくていいだろう。

高校野球は3年生中心に戦うもの

練習中は、ワンスイングごとにうるさく言うことはほとんどない。特に下級生に対しては、トップの位置が正しいかどうかを指摘する程度だ。なぜなら、できることとできないことがあると思っているから。本当の意味でバッティングが良くなっていくのは、体がしっかりとできてくる2年生の冬を越えてからである。

これは、県相に移ってから特に感じることで、3年生の春から夏にかけてもうひと伸びする選手が多い。それだけの努力を重ねてくれている。指導者が、「3年生になってもまだ伸びる」と思いながら見ているのと、「1、2年生に期待しよう」と見るのでは、3年生に対する熱が変わってきてしまう。3年生自身も、指導者に期待されているかどうか、肌感覚でわかるはずだ。

2019年の夏を振り返ると、外野手は3人中2人が春以降にレギュラーを取った選手で、レフトの高橋陸は初戦の上矢部戦で同点ホームランを打ち、横浜戦でも貴重な同点タイムリーを打ってくれた。上矢部戦のホームランがなければ、ベスト4まで勝ち上がれたかはわからない。飯尾陸斗はライトの守備で好守を見せ、バッテリーを何度も救ってくれた。当初はセカンドを守っていたが、外野に回したことで持ち前の脚力が生きるようになった。

チームとして3年春からグンと伸びる選手が出てくると、下級生にもいい影響を与える。「去年、あの先輩も3年になってからレギュラーを取った。おれもまだやれる!」と思えば、最後まであきらめずに戦ってくれるのだ。毎年、秋のレギュラーから何人かの入れ替わりがあると、結果的に選手層も厚くなり、夏に戦えるチームとなる。

選手に言い続けているのは「本番は夏!」ということだ。県相の能力を考えると、秋春に結果を残すのは難しい。「負けていい」なんてことはまったく思っていないが、練習を重ねた夏にこそ、チャンスが出てくるはず。選手も、夏のメンバーが決まるギリギリまで、可能性を信じて練習している。

強豪私立のなかには、入部したばかりの1年生をメンバーに入れるところもあるが、そうなると「それまで頑張ってきた3年生の気持ちはどこに行ってしまうのか?」と思ってしまう。「束になる」を考えたときに、メンバー外の3年生の気持ちが落ちてしまうと、チーム全体の力が上がっていかない。それこそ、「見えない力」ではあるが、メンバーを外れた3年生の気持ちがチームの結果に影響することがある。最後の夏にかける3年生の想いは、計り知れないものがあるだけに、3年生の意地や気持ちを大事にしてあげたい。練習試合では、A戦もB戦も多く組み、チャンスを平等に与えるようにしている。選手からすれば、チャンスをもらったうえで結果が出ないとなれば、納得感は残るはずだ。「監督が使ってくれなかったら、メンバーに入れなかった」という思いにはさせたくない。

1月中旬から2月末には、10試合ほど紅白戦を組み、独自の採点方式で選手の能力を計っている。ホームランはプラス3点、見逃し三振はマイナス2点など、ひとつひとつのプレーを数値化。だいたい、レギュラー陣がそのまま上にくることが多いが、数字を見比べることによって、自分の立ち位置がわかる。

いつからか、夏のメンバーを外れた3年生が「データ班」となり、対戦校の偵察を自分たちで行ってくれるようになった。次に戦う相手だけでなく、その先まで見ながら、担当校を決めている。これが、なかなかハイレベルな偵察で、データ分析アプリなどを用いて、資料をまとめてくれる。ピッチャーの球種割合や、バッターの打球方向など、大いに役立っている。やり抜いた充実感があるからこそ、3年生がチームのために働いてくれていると信じている。

夏の戦いは6月のトレーニングがカギ

近年、夏の酷暑が社会的な問題となり、高校野球も暑さ対策が叫ばれるようになった。神奈川大会の場合、強豪私学と戦う準々決勝以降が、人工芝の横浜スタジアムで行われる。人工芝は太陽の照り返しが強いうえに、足にかかる負担も大きい。土のグラウンドでやる以上に、疲労しやすい球場といえる。さらに、そこまで4～5試合戦ってきたうえでの横浜スタジアムだけに、疲労もたまっている。

こうした状況で迎える準々決勝以降の3試合を、いかに戦い抜くか。ベストパフォーマンスを発揮できる準備をしておかなければ、甲子園は見えてこない。私立の場合は、ここにピークを持ってくるコンディション作りをしていて、横浜高校を指導していた小倉清一郎さんは、夏の5回戦ぐらいまではいつもと同じようにトレーニングをさせて、疲れた状態で戦わせていたと聞く。

しかし、県立がこのやり方をすると、準々決勝にたどりつく前に負けてしまう。それでも、トレーニングをゆるめすぎてしまったら、夏を戦い抜くことはできない。この塩梅が難しい。

私が取り入れているのは、6月に追い込むことだ。1日に300メートルを20本。この本数を必ず走る。ただし、練習中にやってしまうと、普段のメニューに取り組めなくなるので、「分割払い」にしている。朝、昼、練習前、練習後と、空いている時間を見つけて、合計で20本走るのだ。朝に5本、昼に5本、練習前に5本、練習後に5本のやり方でもいい。2018年から始めているが、そこからベスト8とベスト4に勝ち上がれているのは、6月の取り組みがいい方向に出ている証だろう。足をつるような選手もめったにいない。

ちなみに、彼らがしっかりと走っているかどうかを、私が厳しくチェックすることはない。勝ちたければ、自分たちで追い込むだろうし、負けてもいいやと思うなら、手を抜くだろう。「やらなきゃ、勝てねぇぞ！」と言って、無理やりやらせるのも何か違うのではないか。グラウンドで戦うのは選手たちであって、監督ではない。

7月に入っても、ローテーションメニューの中でトレーニングを行っているが、重さを軽くしたり、本数を少なくしたりして、体にかかるストレスを小さくしている。体のキレを上げることに重きを置く。

「6月に追い込む」というやり方は、東林中を指導しているころから実践していた。教えてくれたのは、法政二高で2つ先輩の小田川雅彦先生だった。小田川先生は当時、修徳学園中（現・修徳中）を率いていて、練習試合で何度も戦わせてもらった。その後、修徳高の硬式野球部で甲子園に出場し、軟式野球部でも明石で開かれる全国高等学校軟式野球大会に出場。2018年からは、堀越高の監督を務めている。中学軟式、高校硬式、高校軟式と、3つのカテゴリーで全国に出場した監督も、珍しいのではないだろうか。

県相に移ってから、木更津総合の五島卓造監督にも同じようなアドバイスをいただいた。2016年から夏の千葉大会3連覇を果たすなど、五島監督は夏にめっぽう強い。練習試合のときに、「夏の勝ち方を教えてください！」と聞くと、「6月に走らせたほうがいいよ」との答えだったのだ。具体的にいえば、5月下旬からの3週間はランメニューで徹底的に追いこむ。木更津総合は毎年のように好投手が育っているが、それも走りを中心にしたトレーニングをしっかりやっているからだという。

高校野球にも、さまざまな科学的なトレーニングが導入されてきているが、アスリートの原点は走ること。走ることによって、体全体のバランスが良くなることに加えて、心肺機能や足を鍛えることができる。ただでさえ、精神的にきつい夏の大会で心と足が動かなくなったら、トーナメントを勝ち抜くことはできない。

勝ちを目指すことに意味がある

中学時代は全国制覇、川崎北では甲子園優勝を掲げ、現在の県相では甲子園1勝を目標に戦っている。東林中のときは練習着の太もものところに、「全国制覇」と黒いマジックペンで書かせていたこともあった。中学生はその気にさせれば、びっくりするぐらいの成長を見せる年代なのだ。

川崎北では、「甲子園出場」と書いてあったボードを、私の指示で「甲子園優勝」に書き換えた思い出もある。ただ、高校野球で15年近く戦ったからこそわかることもあり、「甲子園優勝」ではあまりに目標が高すぎて、現実とのギャップが大きい。今の県相の目標は、選手の話し合いによって決まった「甲子園1勝」。私も、選手や応援団、保護者と一緒に、甲子園で校歌を歌いたい。

最近は、勝利至上主義に対する批判を耳にするようになった。勝利のために、選手を酷使し、スパルタ的な指導をすることを指しているのだろうが、さすがに「勝つためなら何をしてもいい」とは思わない。ほかの指導者も同じ思いではないだろうか。

甲子園一勝
誰かの為に

ただひとつ言えるのは、競技スポーツである以上、勝ちを目指すのは当然ということだ。「負けてもいい」と思って戦っていては、成長は得られない。勝利に本気で挑むからこそ、負けたときに悔しさや反省が生まれる。勝つことで、上のステージに進めたときには、今までとは違う野球の奥深さを知れることもあるはずだ。もし、甲子園に出場できたら、「これまでの努力が報われた」とやり切った気持ちを抱くこともできるだろう。

「取り組んだ過程が大事」とも聞くが、それはすべてが終わってからの話だ。3年生の夏が終わったときには、「ごくろうさま。ここまで、よく頑張ったな。努力してきたことが、将来必ず生きるから。その土台を、高校野球で作ることができたはず。40代、50代になったときに、社会のリーダーとなるような人間になってほしい」と声をかける。

ただ、自分たちのミスで負けたようなときには、「練習を振り返ってみてほしい。どこかで、今日のミスにつながるような取り組みがあったんじゃないか？」と、あえて厳しく言うこともある。そこを見逃していては、次のチームにはつながらないからだ。後輩には、「先輩たちを超えよう」と発破をかける。選手の頑張りもあり、近年の県相はひとつずつ着実にステップアップしているのがうれしい。

新チームのスタートは、3年生が負けた翌日から始動することが多い。昨夏は準決勝まで勝ち進んだこともあり、翌日から4泊5日の長野遠征に出発した。「大変ですね」と言われることもあったが、次の代がすぐに待っているわけで、センバツをかけた秋の大会も目の前にある。監督として休むわけにはいかない。

2017年夏に3回戦で城山高校に3対7で負けたときにも、翌日からスタートしたが、このときは3年生も練習に参加させた。正直に言えば、持っている力を発揮できずに終わった、不完全燃焼の夏だった。選手たちも同じ気持ちだったはずだ。モヤモヤした気持ちで受験勉強に向かうよりも、グラウンドで区切りをつけてほしかったので、彼らにはこんな話をした。

「高校野球で成功したことも失敗したことも、すべて1、2年生に教えてくれ。今日の練習は、お前らが全部見てくれ」

監督があれこれ話すよりも、身近な先輩が話す体験談のほうが生きることが多い。この代の存在があって、2018年のベスト8、2019年のベスト4につながっていったのだと思う。競技スポーツなのだから、どこかで負ける。よく言われることだが、一度も負けずに夏を終えるのは1校しかないのだ。だからこそ、負けることに価値を見出せるように、本気で勝利を目指していく。

開会式の朝にメッセージを送る

２０１８年から始めた夏の儀式がある。開会式の朝に、保護者のＬＩＮＥに私からのメッセージを送ることだ。それを親から我が子（選手、マネージャー）に転送し、チーム全員で私の想いを共有してもらっている。

きっかけは、２０１８年からメンタルトレーニングをお願いしている東篤志さんの言葉だった。東さんは県立相模大野高校の出身で、フェイスブックでたまたま縁があり、〝友達〟になった。そこから、「県立で甲子園を目指す県相の取り組みをサポートしたい」と、メンタルトレーニングを担当してくれるようになった経緯がある。

東さんに言われたのは、「先生の想いを、しっかりと言葉で選手に伝えましょう」。ミーティングが短いことはすでに紹介したが、日ごろ、選手を泣かせるような熱い話はほとんどしない。技術やメンタルに関する話が、どうしても多くなる。だからこそ、胸の内を言葉にすることによって、夏に向かってチームがひとつになると言われたのだ。

東さんのアドバイスのもと、２０１８年はこんな言葉を送った。

ここまで一緒に闘ってきたみんなへ

新チームがスタート。誰よりも、公立で甲子園へ行くんだと思いが強い男、小島開陸を迷わず主将にした。長い冬練、今年はウエイトトレを減らし、自荷重と重量道具を使った動的トレとラントトレを増やし成果が出た。

マネージャー5人とお母さんたちの協力で、夏になっても食トレを長く続けることができた。体をでかくし体力も同時につけてくれて。本当に感謝してもしきれない。

ありがとう！

50期のあとから、メンタルが育たなくなってきたことに気がついた。そのチャンスに東さんと偶然の出会いと献身なる協力。きみたちの潜在能力を引き出してくれ、心の持ち方を教えてくれた。心から感謝し、結果でも恩返しします。

春は自滅。本当に悔しかったな！　そこからまたレギュラー争いとチームの立て直しが始まった。理不尽なつらいことも体験させたな。申し訳ないと思いながら､心を鬼にした。

3年生にとって最後の夏。ベンチに入れない選手11人とスコアラーでも入れないマネージャー3人。ごめんな。入れられなくて。悔しいよな！　つらいよな！　泣いたよな！

でも、きみたちはメンバーのために、自分の想いを殺し、サポートに徹してくれている。そんな姿が、さらに強いチームワーク生み出してくれていることは間違いない。みんな、本当にありがとう。

誰のために戦う？　今、心に浮かんだ顔の人だよ。その人、人たちのために戦うんだよ。1、2年生応援頼むよ！　自分が戦っているつもりで声を出して動くんだぞ。みんなの想いと心はグラウンドでつながっているんだ。今年は3年生が応援団長、そして太鼓。すごいよ、お前ら。この学年は、今でも最高のチームワークを見せてくれてるよ。よろしく頼みます。

部員92人が束になるときは今なんだ。おれたち県相は、神奈川の高校野球の歴史を変えるために、今ここにいる。いっちょ、県民や日本中をあっと驚かせてやろーぜ！

楽しいだろ？　なんかワクワクしてくんだろ？

吐きそうになるのも、緊張するのも生きているからなんだぜ。そんなのも、みんな楽しんじゃおうぜ。みんなを感動させてやろーぜ！　チャンスもピンチのときも、「てめー、このやろ！　かかってこい！」と、一瞬思わなければならない。しかし、冷静な自分がそこにいなければいけない。そんなときこそ、俗に言う「火事場の馬鹿力」が出るものさ。

野球はルールを守った中でのケンカさ！

ゼッテーに負けねぇ！　負けるわけにはいかない！

おれたちはたくさんの人の想いを、背負っている。でも、それはプレッシャーではない。本当にワクワクするなぁ。五感を使って感じて動く。ピンチ？　次のチャンスの序章じゃん。その場その場で感じて、決断する。横断幕はそのためにあるんだぜ！　みんな頼むな。

8点取られても9点とる県相野球。みんな、私を甲子園に連れていってください。お願いします。


BGMは、東さんの選曲でFUNKEY　MONKEY　BABYSの『あとひとつ』。今、自分で見ても、みんなとの思い出が甦ってきて、ジーンとくる。

2019年のメッセージには、女子マネージャーから「先生、やばいですよ。電車の中で、朝から泣いちゃいました」と言われた。監督の想いを伝えることがどれだけ大事なことか、東さんに教えてもらった。

こういう話をミーティングでできればいいのだろうが、私の性格上、そういうタイプではない。だから、年に1回、夏の開会式の朝に想いを込めている。

第2章 上達の秘訣

無知の知――知らないことを自覚する

いかにして短い時間を有効活用し、2年半で成長していくか。県立高校が勝つには、ここを徹底して高めていかなければ、私立と勝負することができない。そのためのカギを握るのが、この言葉だ。

無知の知――。

漢字のとおり、「ムチのチ」と読む。

高校生であれば、授業で一度は耳にしたことがあるだろう。ギリシャの哲学者・ソクラテスが残した有名な言葉である。私はそれほど勉強熱心ではなかったが、高校の授業で聞いたことを今も覚えている。もし、「初めて聞いた！」という高校生がいたら、授業を真面目に受けていない疑いありだ。

無知なこと、つまりは「知らないこと」をどれだけ自覚しているか。「自分自身の無知を自覚することこそが、人間の賢さである」との意味になる。野球に置き換えれば、「できないこと」と考えてもいいだろう。知らないこと、できないことを自覚していれば、指導者の言葉に素直に耳を傾けるだろうし、努力も続ける。たとえ上達しても、「まだまだ知らないことがある」という思考があれば、満足せずに向上心を持ち続けることができるはずだ。「このぐらいでいいだろう」と思ったところで、成長は止まってしまう。

「県相の3年生は春から夏にかけて、まだ成長する」と書いたが、それは無知の知を自覚しているからに他ならない。人間が成長するために、忘れてはならない考えと言っていいだろう。

県相の場合、ほとんどの選手が「自分を変えたい」「打てるようになりたい！」との想いで入学してくる。中学時代にSランク、Aランクの選手は、私立に誘われることが多いため、もともと打てる選手はなかなか入ってこない。でも、「自分を変えたい」と思っているからこそ、素直な心があり、吸収力も高い。おそらく、中学時代に活躍していた選手ほど、プライドが高くて、「無知の知」をなかなか認められないのではないだろうか。そう考えると、自分の未熟さ、弱さを認められることは、大きな武器とも言えるのだ。伸びる要素がまだまだたくさんあると考えていい。

チームにも同じことが言える。無知の知で考えるのなら、「自分たちが弱いことを自覚する」。えてして、「おれたちは強い」と思った代ほど結果が出ないことが多い。それは、強いと思った時点で、向上心が薄れてしまうからではないか。弱いとわかっていれば、最後の最後まで努力を続けていく。個人としてもチームとしても、自信を持つことは大事だが、決して過信してはいけない。

これは、指導者にも通じる話であり、「自分はこれだけのことを知っている」と思ったところで、指導力は上がっていかないものだ。私も夏の戦いが終わるたびに、「次はこれを入れてみよう」と少しずつ新しいことを加えている。

指導者講習会に招かれたときも、包み隠さずに、自分が持っている理論を明かすようにしている。東林中を指導していたときから、さまざまなところから声をかけてもらっているが、はじめのうちはすべてを喋ることに抵抗があった。指導用のビデオ制作の依頼がきたときも、「すべてを話したら、勝てなくなるのではないか」と迷うことがあった。そんなときに、声をかけてくれたのが星稜中の山本雅弘先生（現・遊学館監督）だった。

「自分が伝える立場になれば、これまで培ってきた指導論の整理ができる。だから、積極的に受けたほうがいい」

たしかにそのとおりだった。講習会でほかの指導者に伝えるためには、自分の頭の中を一度整理しなければいけない。自チームの選手を教えているときには気づかなかったことに、気づくこともできる。これまでの経験上、こちらが引き出しを開ければ、その代わりに新たな知識や理論が入ってくることが多い。引き出しがいっぱいのままでは、新しいものを入れることはできないのだ。

川崎北時代から交流が始まったのが、長崎県立清峰高校の部長としてセンバツ優勝の経験を持つ清水央彦先生だ。ピッチャー育成に定評があり、今村猛投手（広島）らをプロに送り出した。その後、佐世保実の監督として甲子園出場を果たしたのち、現在は長崎県立大崎高校で指揮を執っている。「バッティング指導を教えてほしい」と、清水先生のほうから川崎北に来てくれたときはうれしかった。私がバッティングを教える代わりに、清水先生からピッチング理論を教えてもらった。そのときの教えが、今のピッチャー指導のベースになっている。

じつは、昨年の12月に清水先生から声をかけていただき、2泊3日で初めて大崎まで足を運んできた。私自身、清水先生のピッチャー理論を学びたいところもあったのだが、大崎の選手を教えるなかで、バッティング指導で新たな気づきを得ることができた。今年で62歳になるが、この年になっても「無知の知」を実感する。まだまだ、知らないことばかりである。

「因果の法則」の重要性を知っておく

県相の監督に就任して、心の底から感じるのは「進学校の生徒は、頑張れば結果が出ることを知っている」ということだ。勉強での成功体験があるからなのだろう。部活でも、手を抜かずに頑張る子が多い。努力を続ける才能がある。全国的に、進学校は部活が盛んなことが多いが、こうした理由もあるのではないだろうか。勉強ができることによる自己肯定感も高いように感じる。

それゆえに、自ら頑張ることをいとわない。「監督が見ていないから、手を抜いてもいいや」という発想がないのだ。特にトレーニングに関しては、私がいてもいなくても、同じように取り組んでいる。これが、県相の一番の強みかもしれない。私の学生時代を振り返ると、「今日は監督がいない。よっしゃ!」と喜ぶタイプだったので、今の選手たちのことを尊敬している。

とはいえ、常に全力でやれるわけではない。大人でもたまには楽をしたくなるように、高校生も楽なほうに走ることが当然ある。それは、人間の本能として仕方のないところだろう。

それでも、監督が背中を叩いて、「しっかりやれよ！」と言っているうちは、本当の意味での強さは身に付かないものだ。はじめのうちは、指導者からやらされる練習も必要だろうが、学年が上がっていけば、自ら厳しいことに挑戦しなければ強くはなれない。手を抜けば、それに見合った結果しか出ないだろう。

私のスタンスとしては、「頑張るのも、手を抜くのも自分次第」。基本的には、彼らが自らやってくれると信じているので、監視官のように怖い顔をして、ひとつひとつの取り組みをチェックするのは好きではない。たとえば、練習の最初にやる坂道ダッシュにしても、最後までちゃんと走っているかどうかをわざわざ見に行くことはない。もし、走っていない選手がいれば、仲間同士で指摘しあえばいいことだ。

彼らに言い続けているのは、「因果の法則」の大事さである。原「因」と結「果」。結果が起こるには、何らかの原因が必ずある。正しい努力をしていれば、おのずと結果はついてくるはずだ。ホワイトボードにある「努力の骨」の項には、こう記している。

「工夫した努力は必ず報われる。報われない努力があるのなら、それは努力と呼べない」

きつい書き方かもしれないが、「おれは頑張っている」と自己満足しているだけでは、結果はついてこない。

因果の法則を信じるのも信じないのも自分次第であるが、「いろいろなことがつながっている」と思っておいたほうが、日々の生活も授業も頑張れるはずだ。日常的にだらしない生活を送っているのに、野球だけ結果を残そうとするのは虫が良すぎる。1日24時間で、グラウンドにいるのは3時間程度。残りの時間を実りあるものにしてこそ、野球にもいい影響が生まれてくる。

指導者として心がけたいのが、何かプレーでミスが起きたときに、「日ごろの生活はどうだったのか?」と追及していくことだ。たとえば、試合の立ち上がりにいきなりフォアボールを連発するピッチャーがいたとする。たいてい、準備が遅かったり、時間ギリギリの行動をしたり、生活が緩んでいるケースが多い。技術的な要素もあるだろうが、生活を改善することによって、克服できることもある。自分のプレーが好調のときにこういう話をしても、なかなか耳に入っていかない。うまくいかないときにこそ、因果の法則を伝えていきたい。

もうひとつ、野球からは離れるが「先祖を大事にしなさい」とよく言っている。これも因果の法則とつながるところで、自分が今この世にいるのは先祖の存在があってこそ。その先祖をないがしろにしていたら、自分自身を大事にしていないことにもつながっていく。こういう話をすると、「宗教的な話？」と警戒する人が出てくるが、そういうことではない。人として、当たり前にすべきことだと思う。

偉そうに話している私も、先祖のことを大切に敬うようになったのはここ数年の話である。墓参りにも、よく足を運ぶようになった。先祖を前にして、手を合わせると心がスッと落ち着くものである。

〝神頼み〟ではないが、年齢を重ねてから、神社に行く回数も増えた。よく行くのが、個人的なパワースポットである箱根神社だ。インターネットで調べていたら〝勝負の神様〟であることを知り、3年前から通うようになった。緑に囲まれた風情あるたたずまいも魅力的で、大会前にはお参りに行くようにしている。ここ2年、夏の大会の結果がいいことと無関係ではないかもしれない。

ときには「野球の神様が味方してくれた」と思うこともある。本当にいるのかどうかは誰にもわからない話で、神様がいると信じて、日ごろから取り組むことが大事ではないか。そうした気持ちがあれば、勉強にも野球にも真摯に向かうようになるはずだ。適当な取り組みをしている選手に、野球の神様は微笑まない。

上達のカギは守破離にあり

上達のコツとして、「守破離」の考え方を伝えることが多い。

守って、破って、離れる。もともとは、武道や茶道などでの修業における成長過程を示したものである。まずは、師匠の教えや型を忠実に守り、確実に自分のものにする。そこから、ほかの人の考えや意見を取り入れながら、少しずつ自分の色を出していく。歌舞伎の世界で、「型破り」という言葉があるが、「型」を学んだものしか、型を破ることはできない。決して、自由に好き放題やっているわけではないのだ。そして、最終的には師匠の手を離れてひとり立ちする。

納得の考え方である。技術を習得するときも、この守破離を大事にしている。最初の「守」は、いわば基本だ。この基本を習得しないうちに、「破」に進んでしまっては、どこかでカベにぶつかることになる。基本がおろそかになっているため、自分自身が立ち戻る場所がないのだ。

この〝立ち戻る場所〟がとても重要で、どんなバッターであっても、いつも打てるわけではない。プロの一流選手でも、1シーズンのなかで好不調の波が必ずある。高校生となれば、さらにその波は激しくなるだろう。特に調子が良いときに好きなように打っていると、引っ張り傾向の打球が多くなり、知らないうちに体の開きが早くなってくる。そうしたときに、一度戻れる場所があれば、調子を取り戻すことができる。

だからこそ、選手には口酸っぱく言っている。

「守破離の守を大事にしなさい。3年生になってから伸びてくる選手は、守を実践してきた選手が多い。自分流でやりたいのなら、まずは守を徹底的に身に付けなさい」

第3章で詳しく述べるが、バッティング指導において、〝構え〟をとても大事にしている。「構えは自由でいい」という考えもあるが、私はそうは思わない。はじめの構えが崩れていたら、そこからのスイングがぶれていくのは当たり前のこと。正しい構えがあるからこそ、正しい動きが生み出されていくのだ。スイングでいえば、まずは高めのレベルスイングを徹底的に教え込む。高めができてから、低めに移る。あれもこれもやろうとすると、「守」が中途半端になってしまう。

それに、「守」が理解できれば、相手バッターの得意・不得意が見えてくるようにもなる。簡単な例をあげれば、トップでバットのヘッドが寝ていたら、高めには強いが低めには弱い。逆にヘッドが立っていたら、低めにはバットが出やすくなる。基本を大事にしていけば、相手の弱みに気づきやすくなるのだ。特に配球を任せているキャッチャーには、必須の目と言えるだろう。

自分のオリジナルが出てくるのは、3年生になってからでいい。ベースに「守」があったうえで、「トップの位置をもうちょっと下げたい」「足の上げ方を変えたい」と思うのであれば、それは大いに結構だ。これが、「破」の段階になる。

では、「離」はどのような状態か。それは、人に教えられるようになることだ。仲間同士で、アドバイスを送ったり、後輩を指導したり、理論が頭に入っていなければ教えることはできない。監督と同じような目を持つ選手がひとりでも多く育ってくれれば、おのずとチームは強くなる。

講習会の話の項でも述べたが、人に教えることは自分自身の頭の整理にもつながる。教えていくなかで、「あれ？　ここはうまく伝えられないな」と感じるところも出てくるはずだ。そこが、自分の課題であることが多い。聞いて、見て、書いて、さらに人に教えるようになって、知識や技術は定着するものである。3年生の夏を迎える頃には、ここまで育ててあげたい。

「文武両道」ではなく「文武不岐」

部活と勉学の両方を高めている学校を「文武両道」と評することがある。県相の学校全体のモットーも「文武両道」である。ただ、私は少し考え方が違って、「文武両道」ではなく「文武不岐」こそが、高校生が求める理想だと思っている。

この違いはどこにあるか。人から聞いた話ではあるが、文武両道は〝文〟と〝武〟をそれぞれ頑張る意味であり、文武不岐は〝文〟と〝武〟の頑張りがどちらにもつながっていくことだという。別々の道なのか、あるいはひとつの道なのか、そう考えるとわかりやすいだろう。

教え子を見ていても、この言葉には納得できる。部活を一生懸命に頑張る子は、学力も伸びてきやすい。もちろん、その逆もある。彼らに共通しているのは、時間の使い方のうまさだ。部活の練習があれば、当然ながら、勉強にかける時間は短くなる。でも、それがわかっているからこそ、授業の中で理解しようとして、行き帰りの電車の中で英語の単語帳を開くようになる。

2018年にキャプテンを務めていた小島開陸は、横浜市から2時間近くかけて通っていた。通学の長さを心配していたが、その時間を利用して、電車内で勉強していたという。その結果、現役で東京外語大に合格した。疲れているときには寝てしまうこともあっただろうが、それが疲労回復につながるのであれば、有益な時間の使い方と言えるだろう。

おかげさまで、近年は遠方から通学を希望する中学生が増えてきている。親御さんは通学時間を気にするが、そのときは「電車の時間を効果的に使っていた先輩がいました」と伝える。第1章で述べたように、1日24時間は誰にでも平等だ。部活も勉強もあり、「時間がない」と嘆いている人はなかなか上達していかない。

大事なのは、「時間を作り出す」ことに意識を置くことだ。時間がないのであれば、作り出せばいい。その考えがあれば、電車が来るのを待つ時間に、教科書を開くこともできるはずだ。グラウンド内で3歩以上の移動は必ず走ることも、時間を作り出すことにつながっていく。部活も勉強も、〝すきま時間〟を有効活用できる生徒は、伸びていきやすい。

また、文武ともにレベルの高い生徒から感じるのは、集中力の高さだ。短時間でガッと集中して、高い成果を生み出す。県相の練習時間が短いことは、進学校の生徒に合っているように思う。

自分の課題を認識する

では、なぜ、短い時間で成果を上げることができるのか。

一番重要なのは、自分自身の課題を認識しているかどうかだ。課題がわかっていないうえで練習をしても、得意なところは伸びていくかもしれないが、苦手な部分は変わらない。

野球は上に勝ち進めば進むほど、弱点があると勝てない競技である。外のスライダーが打てないバッターがいたら、そこだけを徹底的に攻められる。「おれはインコースが得意だから」とインコースだけを待っていて通用するのは、序盤の戦いだけである。140キロ以上のストレートを苦手にしていたら、いつまでもストレートで攻められて、試合が終わってしまう。

私は相手バッターの分析に力を入れるが、弱点の少ない選手ほどやはりイヤなものだ。どこを攻めていいかわからない。どんなにパワーがあっても、「ここに投げておけば間違いはない」と思えたら、精神的にも楽になる。弱点をいかに克服するか。それができなければ、激戦区・神奈川を勝ち上がることはできない。

勉強も同じだろう。苦手な科目で得点を落としていたら、いくら得意科目で得点を稼いでも、トータルの点数は低くなる。どの科目のどの分野が苦手なのか。それがわからなければ、対策を練ることができない。

選手にはこんな言葉を伝えている。

「自分の得意なことを練習するのは凡人。長所を伸ばし、短所をなくすことで自信をつけることができる」

これこそ、努力のコツであり、上達のコツと言っていいだろう。

得意なことを伸ばすのもたしかに大事だ。でも、得意なことに加えて、短所をなくす練習をしていかなければ、試合で活躍できる選手にはなれないのだ。

県相の練習には、ひとつのルールがある。私が指摘したことに対して、選手は「はい!」だけではなく、次に何をすべきか、自分の言葉で繰り返すのだ。たとえば、バットヘッドの入りが甘く、私が大事にしている〝トップで45~60度を通過する〟ができていないバッターがいたとする。私が「ヘッドの角度が悪いよ!」と言えば、「45度を通過するようにします!」と選手自らが口にする。ただ、良い返事だけで終わっていては、何が課題なのかわからない。指導者は「ハイ!」という返事に、満足してはいけない。次にどうするかまで宣言させることによって、短い時間の中で練習の質を高めることができる。

よく、「1日1000スイングしています」という学校があるが、県相にそこまで振り込む時間はない。それに、1000本振ることで振る力こそ付くかもしれないが、基本に則ったスイングが身に付くかはわからない。もしかしたら、悪いスイングのクセが余計に強くなるかもしれない。であれば、課題を自覚したうえで、それを修正することに時間をかけたほうがいいように思う。

県相の三塁側ベンチには、「投手ボード」と書かれたホワイトボードが置いてある。ここに、投手陣ひとりひとりが「目標」と「改善策」を書き込めるようにしてあり、これを読めば、自身の課題をどこまで理解できているのかよくわかるようになっている。

ある投手はこんなことを記していた。

目標＝最速135キロ　コースへの投げ分け　スライダーのキレアップ

改善＝地面反力をもらう　踏み込み足をいつも同じにする

目標は具体的な数字やスキルを書くように指導している。そのほうが、目標が達成できたかわかりやすいからだ。

日々の取り組みを通じて、選手たちに身に付けてほしいのはＰＤＣＡサイクルである。

Plan（計画）、Do（実行）、Check（評価）、Action（改善）の頭文字を取ったもので、企業の生産性を高めるために取り入れられることが多い。これは部活でも勉強でも使える考え方で、社会に出たあとも役立てることができる。

ただ、そのためにはやはり、自分自身で課題が見えていなければいけない。本来は、選手だけで気づけるのが理想だが、なかなかそうはいかない。だから、「トップの角度が直らなければ、絶対に打てない！」と厳しい言い方をするときもある。それは、課題を自覚してほしいからであり、そこを改善してこそ、活躍の道が開けてくるからである。

課題を克服するには、自主練が大事になってくる。県相は朝練を自由参加にしていて、そこに来る選手もいれば来ない選手もいる。来ないからといって怒ることはないが、上達のスピードが速い選手ほど、よく自主練をしているのは事実である。

私は学校には行っていても、グラウンドに出ていくことはまずない。朝練はあくまで自主練であり、自分たちのペースでやってほしいからだ。監督がいないからこそ、試せることもあるだろう。第1章で「毎日、同じ選手を見ないようにしている」と書いたが、選手を信じて、放っておくことも必要となる。ときには1日で課題をクリアする選手もいて、そのときは「自主練頑張ったんだな！」と褒めるようにしている。

打ちやすいフォーム＝打てるフォームではない

もし、小学1年生から野球を始めたとすれば、これまでに9年間野球をしてきたことになり、高校入学が節目の10年目となる。良くも悪くも、9年間培ってきた自分の型がある。打ち方、投げ方、捕り方、走り方。知らず知らずのうちに、この打ち方が打ちやすい、この投げ方が投げやすいと、体に染みついてしまっているものだ。

それが理にかなった打ち方なのかと問われると、人によって違う。それでも、本人にとっては長年付き合ってきた動きなので、打ちやすいことが多い。一言で表現すれば、「クセ」だ。指導者からするとこのクセが非常に厄介である。私は中学生も見てきたのでわかるが、中学生のほうがまだ野球歴が浅いので、クセを直すのにそれほど時間はかからない。

高校に入ってから伸び悩む選手は、「おれはこの打ち方でやってきた」「おれはこの打ち方が打ちやすい」と、過去を捨てきれない選手である。さきほど、「ほとんどの選手が自分を変えたい！」との想いで入部してくると書いたが、中学時代にある程度の結果を残した選手ほど、なかなか変えられないことが多い。

川崎北に赴任した当初、〝我流〟で打つ選手が目立っていた。ツボにきたときは打つが、それ以外のコースには脆い。だから、実戦ではなかなか結果が出なかった。やはり、弱点が多い選手は、そこを徹底的に攻められるので率が上がっていかない。ある選手には、こんな話をしたことがある。

「あなたがこれまでやってきた打ち方はだめなスイング。悪いクセが付いている。それは、あなたにとっては打ちやすいかもしれないけど、安定した結果は出ない。本気で変えようと思わなければ、レギュラーは取れないぞ」

酷な言い方かもしれないが、過去を捨てて、新たな取り組みにチャレンジしてほしかったのだ。これも1年春にいきなり言っても、選手の耳に入りにくい。ある程度は試合に出るようになり、結果が出なくなったタイミングで言ったほうがいい。彼の場合は2年冬頃に言ったと記憶しているが、そこから守破離の「守」から徹底的に学び、不動のレギュラーに成長した。自らの意志で「変えよう」と思わなければ、なかなか改善していかない。

そこには、取り組みの質も量も両方必要になってくる。たとえば、ティーバッティングひとつ見ても、「クセを直そう」と本気で思っている選手は、「後ろヒジの使い方を意識しているな」ということが外から見ていてもわかる。それがはっきりと伝わるぐらいの意識で取り組まなければ、正しい技術は習得できないとも言えるだろう。

すでに紹介した通り、学校練習と球場練習の両輪でチームを作るのが県相のスタイルである。横山球場では守備や走塁を絡めての実戦練習を行うため、仲間同士で指示の声が飛び交い、試合に近い活気が生まれている。これが学校での練習となると、声はほとんどなく、「本当に野球部がやっているの？」と思われるぐらい静かである。練習見学に来た他校の指導者に、びっくりされることもある。

これには、ちゃんとした理由がある。学校は、個々の能力を高める場であり、「さぁ、いこうぜ！」のような気合の言葉はいらないと考えている。気合を入れたからといって、技術が伸びるわけではない。特にバッティング練習は、自分自身の課題を克服するために、自らの体と向き合わなければいけない。己の体と対話しながら、動きの改善をはかっていく場である。

このときに、指導者が野球部特有の活気を求めてしまうと、選手は声を出すことに頭がいってしまいがちだ。大事なことは、黙々と自分の課題に向き合うことである。

こんな実例もある。２０１５年春に関東大会まで勝ち上がったときには、後藤寛生という左打ちの好打者がいた。ミート力に優れたバッターであったが、トップが浅くなるクセがなかなか直らなかった。そのクセを修正するために取り入れたのが、構えたときに左手だけでトップを作り、それを目で確認してから、ピッチャーを見ることだった。両手で構えてしまうと浅くなるため、普段の練習のときから「左手で作る」「目で見る」をルーティンに組み入れた。何かを変えようとするのなら、これぐらい明確にやったほうがいい。こうして自分と向き合うときに、気合を入れるような声は必要ないのではないか。

本来、打席の中でいろいろと考えすぎると打てなくなってしまうが、トップの位置だけは確認すべきポイントだと思っている。バッターの本能として、調子が悪くなると、「ボールに当てたい」という気持ちが走り、トップがだんだんと浅くなってくる。それに気づかないため、不振が長引くのだ。もし、レギュラー陣が大会中に調子を落とすようなことがあったら、その原因はトップの角度や深さに問題があることが多い。そこに焦点を当てれば、短時間で復調の兆しをつかむことはできる。

ただ、指導者の立場からすると、「今までの打ち方を直さないと打てない!」と選手にはっきり言うのであれば、自分の理論で打てるように育てていかなければいけない。そこに選手との信頼関係が生まれてくる。だから、理論に自信を持っていなければ、口にはできない言葉でもあるのだ。

フリーバッティングは「自由」ではない

毎日、4か所で行っているネット裏へのフリーバッティング。これを見れば、どこまで実戦を意識して打ち込んでいるかがわかる。

「フリー」とは、「Free」の字のごとく、「自由に好きなように打っていい」と思う選手がいるのだが、これは大きな間違いである。草野球の選手が、ワイワイ言いながら打つバッティングセンターとは意味合いが違う。自由だからこそ、場面設定をして、実戦につなげていかなければいけないのだ。「自分で決められる」という意味でのフリーバッティングと考えたほうがいい。

たとえば、ピッチングマシンと対峙するときは、ある程度の球筋が決まっているので、打席の立ち位置を変えることによって、コース打ちの練習ができる。ホームベースに近づけばインコース、ホームベースから離れればアウトコースの対策が取れるのだ。ただただ、自分の打ちやすいように打っていたら、自己満足のバッティングになってしまう。時期によっては、「1アウト一塁、エンドラン」と、言葉で場面を宣言させることもある。

狙い球に関しても、スライダー設定のマシンに対して、スライダー狙いでスライダーを打つのは第一段階に過ぎない。それができたら、あえてストレートのタイミングで待ち、スライダーに対応する。レギュラーになればなるほど、課題を持ちながらフリーバッティングに臨んでいることがよくわかる。繰り返しになるが、自らの課題を認識し、それを改善しようと思っている選手ほど、着実に成長を遂げていく。

県相のフリーバッティングは、1ケージで打つ本数を5球ほどに設定している。それが終われば、隣のケージに移る。これは、中学生を教えていたときから変わっていないが、一打席で20球も30球もやみくもに打たせるようなことはさせていない。「数が打てる」と思うと、バッティングがどうしても雑になっていくからだ。数を打つことは、正面からのティーバッティングで行えばいい。

そういえば、バッティングセンターで、意識の高い小学生に出会ったことがあった。親からの指導かもしれないが、2球に1球しか打っていなかったのだ。1球打ったら、次の1球は必ず見逃す。お金がもったいないところではあるが……、打ったあとの1球でしっかりと構えなおして、次のスイングに備えていた。ガンガン打ちたい年頃であるにもかかわらず、彼なりのテーマを持って打ち込んでいたことに感動した。

ノックで負けることもあれば勝つこともある

横山球場では、ランナー付きのノックなど実戦的な練習が多くなる。そこで連携プレーを学んでいくのだが、走塁面に関してはランナー一塁や二塁からの打球判断を繰り返す。特に難しいのが、ランナー二塁からの走塁だ。三遊間に飛んだゴロに対して、「抜けてからゴー」か「打球が飛んだ瞬間にゴー」か、一瞬の判断が得点の有無を分けることが多い。カギになるのは、ショートの守備位置だ。自分（二塁ランナー）に近い位置に守っていれば、必然的に三遊間は空いているわけで、三遊間に飛んだ瞬間にスタートを切っていい。もし、自分よりも離れていたら、三遊間寄りに守っていることになるので、「抜けてからゴー」になる。当たり前のことだが、投球前にショートの守備位置を確認することを徹底づけ、一塁、三塁コーチャーの声かけも重要となる。

あとは、ピッチャー付近へのゴロに対する判断力も磨かなければいけない。強い打球が飛ぶと、二塁ランナーは思わず飛び出してしまいがちだが、ピッチャーゴロになれば二三塁間で挟まれてアウトになる可能性が高い。理想は足元を抜けてからゴーだ。ただ、口で言ってもわからないので、実戦に近いノックを何度も繰り返して、打球判断を重ねていく。指導者に求められるのは、狙ったところに打つノックの技術である。打球の強さも質も、どれだけ実戦に近づけられるか。ノックが悪ければ、選手たちの守備力や走塁力は上がっていかないと思ったほうがいい。

じつは、2018年の夏が終わってから、ノックバットを木製からカーボン製に変えた。そのほうが、最後のひと伸びがあるのだ。選手に聞いても、「実戦の打球に近い伸びがあります」と評判がいい。年齢的には力が衰えつつあるので、道具の力を借りて、ノックの質を維持している。

なぜバットを変えたかというと、ここには自分自身の反省がある。2018年夏の準々決勝、東海大相模戦。2点リードで迎えた9回裏、先頭打者・山田拓也選手（青学大）の左中間寄りのレフトフライを、レフトが背走するもグラブに当てて落としてしまった。結果、ノーアウト二塁となり、次打者の森下選手の同点2ランにつながった。あの打球を捕っていれば、勝利がグッと近づいていたはずだ。

数メートルでもレフトの守備位置を下げておけば捕れていたかもしれない。それに加えて、「ノックで伸びる打球を打ってあげていれば」と自分自身のノックを悔いた。東海大相模や横浜のバッターは、外野の打球がよく伸びる。そこを想定してノックを打っていれば、違った結果になっていた可能性もある。こうした反省があって、カーボンのノックバットに変更した。

まさに、無知の知である。指導者こそ、知らないことを自覚しておかなければいけない。夏に限らず、大会で負けるたびに、「もっとやれることがあったんじゃないか」と思う自分がいる。

2019年夏の横浜戦の話をすると、事前のノックが最後の最後に生きた場面があった。2点リードの9回表、無死一二塁のピンチの場面で、横浜の度会隆輝選手が放った飛球がショートとレフトの中間に上がった。ショートのキャプテン坂手裕太が必死に下がり、倒れ込みながら好捕した。ポテンヒットになってもまったくおかしくない当たりだった。

じつは横浜スタジアムでの戦いが決まってから、坂手が「高いフライの打球を打ってください」と高橋知希コーチにお願いしていたのだ。風が吹きやすい横浜スタジアムは、フライの捕球が難しい。それがわかっているからこそ、自らリクエストしたのだろう。悔しさを味わった東海大相模戦と、打ち勝つと同時に守り勝てた横浜戦。どちらの経験も、大きな財産になっている。

真似ることが学びにつながる

第1章で述べたとおり、指導者はモノマネ上手でなければいけない。体の動かし方のクセがわかっているからこそ、良い見本も悪い見本も実演することができるのだ。

これは、選手にも言える。ほかの選手を見ていて、「あいついい打ち方しているな」と思えば、どんどん真似をすればいい。そのときに、モノマネが上手な選手は、動きの特徴をパパッとつかんで、すぐに自分の体で再現できる。こういう選手を「センスがいい」と表現することがある。目で見たものを、そのまま体で表現できるわけで、プロ野球に進むような選手の多くはこうした才能を持っているように思う。

選手には「真似ることが学ぶことにつながる」と話している。語源を調べていくと、「真似る」も「学ぶ」も、もともとは「真似ぶ（まねぶ）」から派生した言葉のようだ。強豪校に行けば、ドラフト候補が毎年出るが、そういう選手を間近で見ていれば、後輩たちも「いいところを真似しよう」と思うものではないだろうか。

2019年の夏の大会では、エースの天池が粘りのピッチングを見せてくれた。4回戦の日大戦では6回10安打7失点と本来の調子とは程遠かったが、連投となった5回戦の横浜商との試合では、二番手で9回3分の2を6安打2失点と見違えるようなピッチングを見せた。サイドスローから投じるストレート、スライダーともにキレ味鋭く、このピッチングが準々決勝の横浜戦にもつながっていった。

横浜商に勝利したあとの取材で、天池がこんなことを話していたそうだ。

この日の第一試合は、横浜と光明相模原だった。横浜の先発は、のちに阪神タイガースから3位指名を受ける及川雅貴投手である。試合会場となった保土ヶ谷球場には、次戦の選手が待機する場所があるのだが、天池は及川投手の体重移動の仕方を見ていたという。待機場所は、三塁ベンチよりも外野寄りにあり、ピッチャーの体重移動を見やすい位置にあった。体重移動を真似てみたところ、立ち上がりからしっくりくる感覚があったので、その感覚を大事にして最後まで投げ切ったとのことだ。

負けたら終わりの夏の大会中に、他校のピッチャーの動きを真似て、自分のフォームに取り入れるなんて、なかなかできることではないだろう。もしかしたら、それまで調子が上がってこなかったので、「自分を変えよう」と真似てみたのかもしれない。天池にはいものを取り入れて、自分のモノにするセンスがあった。

学年の組み合わせを考える

いいお手本が身近にいれば、周りもそれに引き上げられて上達する。強豪私立が毎年のように結果を残せるのは、そのあたりも関係しているように思う。

県相は4グループにわけてのローテーションメニューが多いが、このときに気を配っているのは、学年ごとに動くようにしていることだ。3年生は3年生、2年生は2年生、1年生は1年生でグループを作る。2年生でレギュラーを獲っている選手だけが、3年生のグループに加わる。

県相は3年生がレギュラーの大半を占めることが多く、技術力も体力も高い。私の考えとしては、レベルの高い選手は、同じようなレベルの選手の中でプレーしたほうが、切磋琢磨して上達する。これが、レベルの低い集団に入ると、無意識のうちにそのレベルに合わせてしまうのだ。

たとえば、1年生と2年生が一緒に練習すると、1年生の底上げにはなるが、2年生はなかなか上がっていかない。2年生と3年生の組み合わせでも同じことが言えて、2年生にはいいが、3年生にとってはプラス要素が少ない。

それに、同学年のほうが厳しいことを言いやすいところもあるし、同学年で動くことによって、〝束〟が作られやすい。先輩が後輩に厳しく言うのも、昨今は問題になることがあるので、指導者としては気を遣うところだ。

選手には「同学年や他校にライバルを持ちなさい」と言っている。「あいつには絶対に負けたくない！」というライバルを持つ。たとえば、坂道ダッシュ（2人1組）をするときも、ライバルとペアを組み、負けないように全力で走る。身近に高めあえる存在がいれば、おのずと練習の意識も高くなっていくだろう。

上下関係の話を付け加えると、気を付けなければいけないのが、トスバッティング（ペッパー）のペアだ。下級生が上級生と組んだときに、「いい球を放らなければいけない」というプレッシャーから、投げ方がおかしくなってしまうことがある。特にトスは近い距離で緩い球を投げるので、いつもと違うフォームになりやすく、そこからイップスになってしまう場合もあるのだ。私自身、学生時代にバッティングピッチャーで先輩にストライクを投げられずに、そこからスローイングがおかしくなった苦い思いがある。そうした経験をしているだけに、ペアを組むときはできるだけ同学年になるようにしている。

「干すこと」にさほど意味はない

めったにあることではないが、学校でちょっとした問題を起こしたり、野球部のルールを破ったりする選手がいる。監督によっては、練習から外して、清掃活動をさせるケースもあるだろう。いわゆる〝干す〟状況である。

これは、中学校を指導していた頃からの考えだが、干したところでさほど意味はないと思っている。その場では反省するかもしれないが、それが長続きするわけはない。私のやり方は、練習の中で厳しくすること。野球部に属しているのだから、練習はほかの仲間と同じようにやらせてあげたい。そこから外してしまうと、うまくなるための時間が失われるわけで、逆に気持ちが落ちてしまう選手がいる。

もし掃除をするのなら、朝に学校に来させるなど、練習時間外に行わせる。ペナルティーを与えるなら、練習に影響のないところでやったほうがいいだろう。

ただし、練習試合やバッティング練習から一時的に外すことはある（1試合程度だが）。試合に出られない悔しさや、バッティングをできない悔しさを味わうことで、練習に対する意識が変わってくるからだ。とはいえ、これが通じるのはバリバリのレギュラーだけだと思う。当たり前のようにスタメンを張っていた選手がベンチから試合を見ることで、今までになかった気づきや悔しさを得ることができる。控えの選手にこれをやっても、効果はさほど生まれないのではないか。試合に出ていない選手ほど、練習時間を作ってあげなければいけない。

私立のチーム作りを見ると、3年春の大会後にレギュラーを試合から外して、下級生主体で5月6月を戦うケースがある。レギュラー陣が本気になるのを待っているのだと思うが、力のある選手が揃う学校ならこういうやり方もありだろう。夏には、覚悟を決めた3年生が加わり、見違えるようなチームになることがある。下級生にとっても、秋に向けての経験値を積めるメリットがあるだろう。

選手によっては、外から野球を見ることで成長のきっかけをつかむこともある。たとえば、2019年の夏に不動の正捕手として活躍した風間は、6月にケガをしていた関係もあり、練習試合を休んでいた。そのときに、風間をベンチに座らせて、下級生のキャッチャーに配球のサインを送らせるようにしたのだ。キャッチャーボックスではなく、ベンチからサインを出すことによって、これまでとは違う視点で配球を考えることができる。特に、バッターの体重移動はベンチから見たほうがわかりやすいものだ。

夏の大会の配球は見事だった。天池を中心としたピッチャー陣をよくリードしてくれて、準々決勝の横浜戦も最後まで逃げずに攻めた。外から見たことでの学びが、きっとあったはずだ。

なお、監督がベンチから配球のサインを出すことに賛否あるが、私も中学時代はよく出していた。今も大事な場面では、ベンチから出すことがある。狙いとしては、「こういう配球をすれば抑えられる」という成功体験を得てほしいからだ。自分で考えて打たれることも大事だが、ベンチからのサインによって抑える経験も、キャッチャーの成長には欠かせない要素となる。自分の配球でずっと打たれ続けていたら、どうしても自信がなくなってしまう。

キャッチャーの視点に立ってみれば、監督の指示どおりにただ自動的にサインを出すのではなく、「監督はこういう根拠で出しているのだな」とまで考えなければいけない。わからないことがあれば、「何であのサインだったんですか?」と聞けるようになるのが理想だ。配球に絶対的な正解はないので、決断に至るまでの根拠が必要になる。こうしたひとつひとつのやりとりが、自身の配球を磨くことにつながっていく。

男子は8叱って、2褒める

昨今、「褒めて育てる」という子育て論をよく耳にするが、正直に言って「本当にそうなのかな?」と思うところがある。褒めるだけで人が育つのなら、指導者としてそんなに楽なことはないだろう。小学生の頃は褒めることで自己肯定感を伸ばせるかもしれないが、これから社会に出ていく高校生のことを考えたら、叱ることも必要だと思う。

持論としては、男の子は叱って育て、女の子は褒めて育てる。古臭い考えと思われるかもしれないが、そのスタンスで生徒と接してきた。男子の場合は、9叱って、1褒める。これが女子になれば、1叱って、9褒める。女子を叱ることはめったにない。よって、野球部の指導では叱っていることのほうが多い。でも、昔と今では子どもたちが育ってきた環境が違うので、7~8叱って、2~3褒めるぐらいの割合になっていると思う。

なぜ、叱るかというと、できていないことを明確に理解させるためだ。課題が見えたら、ズバッと口にする。指導者がそこを見逃していては、なかなか上達していかない。ニュアンスとしては、「叱る」よりは「指摘する」のほうが近いだろう。7~8割叱るとなると、年がら年中、声を張り上げているように思われてしまうが、決してそういうわけではない。さすがにそこまで叱り続けていたら、こちらが疲れてしまう。

試合に負けたあとには、誰のせいで負けたのかをはっきりと指摘する。選手を使ったのが監督であれば、采配をふるったのも監督であり、勝敗の最終責任は監督にあるのだが、それを大前提としたうえで、全員の前で個々のプレーに言及する。

昔から「叱るときは1対1が良い」とも言われるが、それは学校での生徒指導の考えであって、野球部のようにチームで戦っているときは全員の前で厳しく言う。チームで動いているのだから、ほかの選手が同じ失敗をしてしまっては困るからだ。ミスを繰り返さないように、ひとりの失敗を全員で共有するようにしている。

では、失敗とは何か。それは、打てなかった、守れなかったという結果ではなく、そこに至るまでの準備に対する話だ。バッターであれば、チャンスで甘いファーストストライクを簡単に見逃すこと。「浮いたスライダーを狙っていけ」と指示が出ていたにも関わらず、その球に手が出ない。神奈川の私立四天王を倒すことを考えたら、1打席の中で失投は1球来ればいいほうだ。その1球を見逃していては、勝機は出てこない。

部活動全体の話をすると、ここ数年、指導者が選手を叱りづらい世の中になっているように感じる。ちょっと厳しく言ったことが、「体罰」や「パワハラ」と問題視されることもある。たとえ、指導者と選手の間に信頼関係があったとしても、第三者からの訴えによって体罰と認定されることも起きている。

もしかしたら、全員の前で敗因を言及することに対して、「理不尽」と捉える人もいるかもしれない。そういう時代になりつつあるのは間違いない。それゆえに、指導者としては「叱ることが成長につながる」「自分のために指摘してくれている」と選手自身に思わせなければいけない。

本音を言えば、いずれ社会に出ていくことを考えたら、多少の理不尽を乗り越えられるような精神力を身に付けてほしい。監督に少々厳しいことを言われたからといって、心が落ちていたら、今後も苦しいことに立ち向かっていけない。「うるせぇな。今に見ておけよ！」と思うぐらいの反骨心があったほうが、社会を生き抜く力を持っているはずだ。

学校の授業や行事で、こうした逞しさを身に付けるのは非常に難しい。何かひとつの目標に向かって、チーム全体で勝敗を競うような経験ができないからだ。今の学校教育の中で、厳しさを学べるのは部活動だけではないだろうか。文科省の取り組みを見ると、部活動を縮小する動きがあるようだが、はたしてそれでいいのだろうかと感じてしまう。

私は野球の指導を通して、苦しいことにも耐えて、人間としての根っこを作ってほしいと思っている。嵐にも強風にも負けない根っこを生やす。それが40歳、50歳になったときに、自分の人生を支える礎となるからだ。

これが、楽しいとか、好きだけでは、根っこは作られないのではないか。褒めて育てたところで、草木はグングン伸びるかもしれないが、肝心の根っこは弱いかもしれない。風が吹いたら、飛ばされてしまう。今の子どもたちは、「楽しくやりたい」との考えが多いのかもしれないが、やっぱり何かを成し遂げようするには、それ相応の努力や苦しみが必要になるものだ。

高校入学から3年夏までおよそ2年半。右肩上がりですべてが順風満帆な選手など、誰ひとりもいない。途中でケガがあったり、メンバーに入れなかったり、それまで打てていたのに急に不振に陥ったり、何かしらの困難に出会う。でも、そんなときこそ、根っこを作るチャンスだ。そこからの努力によって、自分がレベルアップできた実感があれば、大きな自信になる。野球も人生も、そうそう思い通りには進まない。そこであきらめてしまうか、努力をして乗り越えようとするか。高校生のうちに、自らの力でカベを乗り越える経験をしてほしいと願う。

かわいい子には旅をさせろ

第2章の最後に、保護者についても触れておきたい。毎日、自宅から通うことを考えると、親の言葉やふるまいは、子どもの成長に大きな影響を与えていく。

県相の選手のお父さん、お母さんから感じるのは、「その先」を見ている人が多いということだ。たとえば、懇親会のような集まりがあるときに、私に6カ月も先の予定を確認しにくることがある。会場を抑える都合もあるのだろうが、常に先を見ながら動いていることを感じるのだ。

おそらく、その視点は子育てにも通じるところがあるのではないか。子育てに熱中すればするほど、「今」に目が行きがちだが、大事なのはその先にどう成長しているかである。子どもがうまくいかないことがあると、ついつい手助けしてしまう親がいるが、静かに見守り、ジッと我慢をしてほしい。ましてや、高校生にもなれば、自分で解決しなければいけない年齢である。

親が過干渉になればなるほど、子どもは親を頼るようになる。そして、親の指示を待たないと動けなくなってしまう。親としては、頼られているうれしさがあるのもわかるのだが、これではいつまで経っても自立ができない。年齢が上がるにつれて、子どもに任せる機会を増やしてあげてほしい。

昔からよく使われる格言に「かわいい子には旅をさせろ」がある。でも、今は旅をさせる親がなかなかいない。それは、本当の意味での旅ではなくて、子どもに任せて、チャレンジさせることである。今の時代は、「かわいい子ほど過保護にせよ」だろうか？

あとは、好きなことをとことんやらせてほしいと思う。小学生の話であるが、たまに聞くのが「勉強の成績が下がったから、野球の練習に行かせない」ということだ。勉強が大事なのもわかるが、好きなものを奪ってしまったら、その子の楽しみがなくなってしまう。「野球を一生懸命やりたいなら、勉強も頑張りなさい！」でいいのではないだろうか。一方を頑張ることが、もう一方のエネルギーにもつながる。その考えが、文武不岐のベースになるところである。

何か得意なものを頑張って、周りから褒められる経験があると、自己肯定感が生まれやすい。それが、野球であってももちろんいいわけで、こうした自信が勉強に対する意欲にもつながっていくのではないだろうか。

また、スマホとの付き合い方に悩んでいる家庭も多いだろう。私もスマホをよくいじっているのでわかるが、気づいたら、あっという間に時間が経っている。便利であることは否定しない。それが自分のためになるものなら良いのだが、ただの暇つぶしで使うのなら、時間の使い方を考えなければいけない。

スマホのゲームに熱中する選手がいたら、こんなふうに問いかける。

「ゲームで達成感はあるのか？　もしかしたら、ステージをクリアするなどして、達成感はあるのかもしれないけど、じゃあ、人生において得るものはあるか？　根性は身に付くか？」

せっかく、大切な時間を使うのなら、何かを得てほしいのだ。

家族で外食する場で、スマホのゲームばかりしている子どもを見ると、残念に思うこともある。そこは親として、教育しなければいけないところではないだろうか。

もちろん、ゲームそのものがダメと言っているわけではない。ゲームをやるのなら、自分で時間管理ができなければいけないということだ。そもそも、野球にも勉強にも全力で取り組もうとしたら、自由な時間はわずかしかないだろう。何度も言うが、1日24時間をどう使うかで、人生は変わっていく。

第3章

技術向上

バットを持ったバッターのほうが有利

言うまでもなく、野球は得点を多く取ったチームが勝つスポーツである。0点に抑えれば負けることはないが、勝つこともない。バッティングのレベルが上がっている近年の高校野球では、優れたピッチャーがいたとしても、完封するのは難しい。特に県立高校のピッチャー陣を考えると、ある程度の失点は覚悟しなければならず、それゆえに、川崎北のときから8対7や9対8でも勝てるチーム作りをしてきた。

中学の指導者のときも、バッティングには特に力を入れていた。それは、強豪高校でプレーすることを考えたときに、「守備がうまい」だけではレギュラーを獲れないからだ。体の大きな選手が多いシニアやボーイズには、パワーヒッターが揃っている。彼らと勝負しようとしたときに、軟式だからと言ってゴロ打ちばかりしていたら、高校で活躍することはできないのは明らかだった。

打ち勝っていくには、打撃技術を磨いていく必要がある。心技体でたとえるのなら、技の部分である。体を鍛えていったとしても、それを発揮するための技が備わっていなければば、成果は生まれてこない。そこで、本章では「技術向上の骨（コツ）」を紹介していくのだが、その本題に入る前に……バッターの気持ちの部分について触れておきたい。選手には、〝大前提〟として伝えている言葉がある。

「野球はバッターとピッチャーの1対1のケンカである。バッターはバット、ピッチャーはボールを持っている。バットとボール、戦ったらどっちのほうが強い？　どっちが有利かと言えば、バットを持つバッターに決まっているだろう」

指導者によって、いろいろな考え方があるだろう。プロ野球の場合、バッターは打率3割で一流と呼ばれるため、ピッチャーが7割抑えていることになる。数字だけ見れば、ピッチャーが有利と思う人もいるかもしれない。でも、そんな考えを持つよりも、「バットを持つバッターが有利」と思っていたほうが、精神的に上に立てるのではないか。上からピッチャーを見下ろすぐらいの感覚を持っていい。特に、高校野球は〝魔法のバット〟とも言える金属バットを扱っているわけで、より優位な立場にいるはずだ。

私自身、現役時代からバッティングが大好きだったが、ずっとこの考えを持って、ピッチャーと対峙していた。「おれのほうが有利！」と思うだけで、打席での精神状態も変わってくるのは間違いない。

パワーポジションの重要性を知る

技術を身に付けていくには、理論理屈を知り、練習で何度も何度も同じ動きを繰り返して、自分の体に刷り込んでいくことが、絶対的に必要である。指導者からしたら、理論理屈を丁寧に教えていかなければいけない。なぜ打てるのか、なぜ打てないのか、そこを明確に伝えられるようになってこそ、チーム全体の打力が上がっていく。

どのような指導で、バッティング技術を向上させていくか。順を追って、説明していきたい。

まずは、構えである。「構えはうるさく言わない。好きな構えでいい」と話す指導者もいるが、私はそうは思わない。どのコースにも対応しやすい構え、そして力を発揮しやすい構えを知らなければ、どれだけスイングをしようとも、なかなか打率は上がっていかないのではないか。構え＝バッティングのスタート地点である。陸上の短距離選手がスタートの姿勢を追求するように、高校生も構えにもっとこだわるべきだと思う。

バッティングフォームの〝根っこ〟として教えているのがパワーポジションである。野球以外の競技でも大事にされている考えであるが、その言葉のとおり、パワーを発揮しやすい姿勢となる。

写真1のように、ピッチャー側から見たときに足・ヒザ・肩の3点がほぼ一直線に並ぶように構える。尻をやや後方に突き出し（腰椎を少し反らす）、骨盤を前傾させることによって、この姿勢を作りやすくなるはずだ。パワーポジションと骨盤の前傾は、セットに考えていいだろう。打てないバッターの多くは、〝根っこ〟となるパワーポジションを取れていない。

では、パワーポジションを作る利点はどこにあるのか。

最大の利点は、ハムストリングスと下背部、大臀筋群を中心とした体の裏側の筋肉をしっかりと使えるようになることだ。これらの筋肉は、前足の股関節に体重を移していくときに、推進力を生み出す大きなエネルギーとなる。構えのときにヒザを足よりも前に出してしまうと（写真2）、体の表側にある大腿四頭筋が優位に働くようになり、裏側を使いづらい。実際に姿勢を取ってみると、体感できるはずだ。

また、骨盤前傾の姿勢によって、股関節や内転筋群を使いやすい状態を生み出すことができる。股関節の構造上、骨盤前傾位でなければ、可動域が狭まってしまうのだ。バッティ

パワーポジション

【写真1】

【写真2】

ングにおいて股関節の重要性がたびたび語られるが、まずは股関節や内転筋群の動きを最大限に活用できる姿勢を取っておかなければいけない。

さらに補足すると、骨盤の前傾により、大腰筋をリラックスさせた状態を作ることができる。筋肉は収縮運動によって働くので、「伸びる＝縮まる準備ができる」。前段階の準備（姿勢）ができてこそ、その機能を最大限に発揮できる。大腰筋は、腰椎の側面から太ももの付け根に伸びる深層部にある筋肉で、主に股関節の屈曲に作用している。わかりやすくいえば、上半身と下半身を連結させ、ランニング動作や姿勢の維持に大きな役割を担う。大腰筋が弱いと、下半身で生み出したパワーを上につなげていくことができない。

近年、「腸腰筋」という言葉をよく耳にするようになったが、これは今紹介した「大腰筋」と、骨盤から大腿骨の内側に向かって伸びている「腸骨筋」の総称である。バッティングで考えると、腸腰筋は体をひねる際に重要な役割を果たす筋肉で、腸腰筋を鍛えることが回旋運動の強さにもつながっていく。ただし、これも大腰筋と同じで、あらかじめ腸腰筋が働きやすい姿勢を作っておかなければいけない。骨盤前傾によって、その準備を整えることができる。

ここで、注意点がひとつ。

骨盤を前傾すると、どうしても腰椎の上部や背中が張ってしまう選手がいる。体の柔軟性とも関わってくる問題ではあるが、体にストレスがかかった状態で構えてしまっては、いくらパワーポジションを作ったとしても、力を発揮できなくなってしまう。パワーポジションの中でも、どれだけリラックスして構えられるか。腰椎の下部を軽く反ったうえで、腰椎の上部を緩め、背中はやや丸みを持たせる意識を持つといいだろう。

背中には、上半身のパワーやバットコントロールに関わってくる肩甲骨があるが、背中を張ると、肩甲骨の可動域がどうしても狭くなってしまう。また、肩と首をつなぐ僧帽筋に力が入ると、これもまた肩甲骨の動きが悪くなる原因となる。人間は緊張すると、肩が上がる習性があるが、あれこそ僧帽筋に力が入っている悪い見本である。肩に余計なストレスがかかれば、肩甲骨の動きは当然悪くなる。

パワーポジションを意識したなかで、よりリラックスして構えられるか。これが、高い打率を残すための第一条件となってくる。

しかしながら、自分がどのように構えているのかを認識できているバッターは、少ない。県相のグラウンドには全身を映せる大鏡が3枚あり、自分のフォームをチェックできる。確認作業を当たり前にすることで、自分の姿を客観的に見る力も養えてくるはずだ。

自分の体と対話する感覚を養う

人間は強い筋肉よりも、硬い筋肉のほうが優位に働いてしまう原理原則を持っている。たとえば、大腰筋をいくら鍛えても、拮抗筋（反対側の筋肉）であるハムストリングスや大臀筋群が硬いと、骨盤前傾を作りにくくなる。したがって、バッティング技術を上げていくには、ストレッチにも時間を割き、柔軟性を高めていかなければいけない。

県相では練習の最初に、必ずストレッチを入れている（写真3）。チーム全体で声を揃えてやることはなく、各自がそれぞれのペースで行う。意識するのは股関節と肩甲骨を柔軟に動かすことで、できる限り、上と下を連動させるようにしている。それも筋肉を直線的に伸ばすのではなく、内旋や外旋などねじりを加えながら、可動域を広げていく。

ここ数年、股関節と肩甲骨に加えて、特に重要性を感じるのがブリッジである。ブリッジは体幹部の柔らかさや、胸郭や肋間筋の柔軟性を高めることにつながる。スイングの初動のスピードを高め、フォロースルーを大きくしていくには、胸郭や肋間筋の柔軟性と収縮が必要になってくる。日ごろ、なかなか動かす機会がないだけに、ブリッジによって可動域を高めるようにしたい。

毎日、ストレッチを続けていると、「あれ、今日はうまく動かないな」と感じる日が出てくる。たとえば、テスト明けの午後の練習は、教室からグラウンドに戦いの場が変わるわけで、体が凝り固まっているかもしれない。

疲労による、動きの変化もある。あとで、トップについて解説するが、大会中に疲労がたまってくると、同じようにトップを作っているつもりでも、「どうもしっくりこないな」と感じることがある。最近は、ピッチャーの球数が盛んに議論されているが、夏のトーナメントでは野手のほうにも疲労が蓄積されていく。その疲労によって、フォームが崩れていき、大会終盤にさしかけて調子が落ちていくこともあるのだ。

もし、「今日は体が重たいな」「トップに入る動きが悪いな」と感じることがあれば、全体でアップを終えたあとに、もう一度ストレッチを行う。ネクストサークルでも守備位置でも、ベンチでも、体をほぐすことはできるはずだ。これを夏の公式戦だけでやろうとするのは難しいので、日ごろから自分の体の状態を感じながら、筋肉や骨と対話する習慣を付けてほしい。監督から言われたメニューをただこなしているだけでは、こうした感覚は身に付いてこないだろう。

【写真３】股関節のストレッチ

【写真３】ブリッジ

あらゆる球に対応しやすい45度〜60度のトップ

パワーポジションの次にポイントとなるのが、トップの形である。前足を踏み出して、これからバットを振り出そうとする局面がトップの定義となる。

このときにバットのヘッドがピッチャー側に入りすぎているとヘッドの出が悪くなり、逆にキャッチャー側に開きすぎているとヘッドの重みを使えない。また、ヘッドが立ちすぎていると、低めには対応しやすいが高めには弱くなる。ヘッドが寝すぎていたら、その逆の現象が起こりやすい。

このような視点で、トップのときのヘッドの角度をチェックしておけば、バッターの弱点がおおよそ見えてくる。ヘッドが入りすぎていたら、インコースの速いストレートにはまず差し込まれるだろう。この手のタイプに、安易に変化球を投げると、タイミングがちょうど合ってしまうことがある。キャッチャーは、速いストレートにどのような対応をしているのか、よく感じなければいけない。

ちなみに、私は低めが好きなこともあり、無意識のうちにトップではバットが立ち気味に入っていた。しかし、大学野球でプレーしたときに、この角度では高めのストレートに差し込まれるようになってしまった。どうしても、高めに対してバットをスムーズに入れることができないのだ。そこで、バットの角度を少し寝かせるように意識した経緯がある。

こうした自分の経験と、指導者になってからプロ野球選手のフォームを研究する中で、打率が高い選手に共通するトップの角度がだんだんと見えてきた。

理想のトップは——、高めに低めにも、外にも内にも、無理なく対応できる角度は45度〜60度。前から見ても、横から見ても、この角度。バットのヘッドのポジショニングは、自分の頭の延長線上にあるか、少しだけピッチャー寄りに入る角度となる（写真4）。

どれほど個性的な構えをしていても、一流バッターになればなるほど、「トップ＝45度〜60度」を通過する局面がある。たとえば、丸佳浩選手（巨人）は構えの段階ではヘッドが寝ているが、打ちに行くときは45度に近いトップを通過している。

構えは、このトップの形から逆算して考えていくとわかりやすい。

トップに入るまでの動きは、「構え→テイクバック→トップ」と3段階にわけて考えることができる。センスが問われるのが、テイクバックの取り方だ。ポイントは、前足を軸足に寄せる動きに合わせて、手を動かすことである。前腕に適度な張りを持たせて、トッ

【写真 4】 45度~60度のトップ

プに入れていく。プロ野球選手を見ていると、山川穂高選手（西武）のようにグリップを上下させることで、タイミングを取るきっかけを作る選手がいる。丸選手もホームベース方向にバットヘッドを垂らしてから、トップに入る。言うなれば、「動」から「動」の流れだ。何も動かさないゼロの状態からいきなりバットを振り出すのは難しい。

極論を言えば、毎回同じように、理想のトップの角度を通過できるのなら、どんな構えでもオッケーである。ただ、まだ技術レベルの浅い高校生（もちろん、小・中学生も）の多くは、トップに入るまでの動きに無駄があり、打席のたびにズレが生まれやすい。ピッチを入れるタイミングが遅れると、緩急にも対応できなくなってしまう。

トップの位置がズレると、どうしても、スイングの再現性が低くなる。コントロールの良いピッチャーは、毎回毎回同じようなフォームで投げられる再現性を持っているのと同じで、確率を上げていこうとしたら、再現性を高めていくのがひとつの方法である。バッターの場合は、ピッチャーの球に合わせなければいけないのでまったく同じタイミング、同じスイングで打つことはできないが、だからこそ、トップに入るまでの動きはブレがないようにしていきたいのだ。

ゆえに、中学生にも高校生にも伝えているのは、「できるだけトップに近い位置（トップに入りやすい位置）で構えたほうが、ブレは少なくなる」。まずは、ここから教えるようにしている。守破離で言えば、守の段階だ。守を実践したうえで、自分なりのトップの作り方にたどりつくのであれば、それはまったく問題ない。

バットを構える基本的な位置は、横のラインは両肩を結んだ線とバットを握る手の上部をだいたい同じにする。体と手の距離感は、「相合傘のイメージで」と伝えるとわかりやすい。右打者なら右手、左打者なら左手で傘を持つ。隣の人が濡れないように傘を差そうとすれば、体から適度に離れた場所にグリップを置くことができる。結果として、軸足のつま先の延長線上あたりにグリップがくる。

トップは深ければ深いほど、ボールをとらえるまでの距離が長くなり、スイングのための助走距離が作りやすくなる。ただし、トップを深くしようとして、背中の方にグリップを引くと、バットの出が悪くなる。ピッチャーから見たときに、グリップが隠れているようではインコースをさばくことはできない。

また、調子が悪くなると、「空振りしたくない」という心理が働き、トップの位置が少しずつ浅くなり、体に近づいてくるので注意が必要となる。調子が良いときこそ、映像や鏡でフォームを確認して、自分に合ったトップの位置を把握しておきたい。

バットの握りは薬指と小指の使い方がポイント

バットの握りは、各選手の個性に任せている指導者が多いと思うが、私は握りによってバッティングは良い方向にも悪い方向にも変わると考えている。

バッティングで重要なのは、バットのヘッドの重みをいかに効果的に使うかである。それができるかどうかは、握りから始まっていると言って間違いない。

基本的な考えとしては、上の手も下の手も指の第二関節を中心にして握る。いわゆる、「フィンガーグリップ」と呼ばれる握りである。軟式を指導していたときは、インパクトでの押し込みを重視して、上の手だけ手の平で握る「パームグリップ」を取り入れていたが、硬式を教え始めてから指導法を変えた。硬球を飛ばすにはヘッドを立てて、ヘッドを利かせる技術が必要になるからだ。そのためには、手の平よりも指で握った方が操作しやすい。

バットの握りで、絶対に避けてほしいのが、構えの段階から5本指でギュッと力いっぱい握ってしまうことだ。はじめから力を入れてしまうと、前腕に余計な力が入り、バットを素早く振り出すことができない。選手には「オン（力を入れた状態）とオフ（力を抜いた状態）が大事。力を抜くから、力を入れることができる」と説明している。筋肉の特性として、ずっとオンの状態を続けていくことはできない。

とはいえ、バッターの心理からすると、チャンスになればなるほど、「おれが打ちたい」と思うものだ。特に、「一打逆転」という舞台が整うと、「おれが決めてやろう！」と意気込みがちだ。逆に、自信がないバッターは「打てなかったらどうしよう」と不安が襲ってくるかもしれない。どちらにも、共通しているのはこうした感情が生まれている時点で平常心ではないことだ。その瞬間に、体にはいつもとは違う力みが生まれてくる。このあたりのメンタル的なことは、次の第4章で詳しく解説しているので、ぜひじっくりと読んでほしい。

握りの話を続けると、肝となるのは薬指と小指の力の入れ方にある。握りの段階では親指と薬指を中心に持ち、小指は添えるだけにしておく。そして、ボールをとらえるときに小指をギュッと握ると、バットヘッドが利きやすくなる（写真5）。剣道で、相手の〝面〟を狙うときも、最後に薬指・小指を握ることで「強く打ち込める」という話を聞く。はじめから5本指で握ると、このテクニックが使えなくなってしまう。

この握りは、コックの使い方にもつながってくる。コックはゴルフから生まれた用語で、バックスイングの際に手首を親指側に曲げる動きを指す。もっとわかりやすくいえば、トンカチで釘を打ち突ける動作を思い出してほしい。トンカチを打とうと準備をするときに、手首をグイッと曲げる動きが入るはずだ。そして、その勢いを使って、釘を打つ。打つときには、今度は小指側に手首が曲がっているはずだ。トンカチを使うときに、はじめから力強く握っている人はいないだろう。力を入れすぎると、手首の動きが制限されてしまう。

このコックを、スイングの中に入れることによって、よりヘッドの重さを使え、スイングスピードの向上につながる（写真6）。バットを真上から振り下ろすことがないので、なかなかイメージが付きづらいかもしれないが、トンカチの動きを真上から斜めにだんだんと角度を寝かせていくと、スイングの動作に近づいていく。ただ、バットをボールにぶつけるだけでは、なかなか遠くに打球は飛んでいかない。

手首の角度も重要になり、前の手は手首をやや背屈させて、手首にシワを作るようにする。少し、手首を絞り込むようなイメージである。このとき、過度に背屈させると手首の動きが制限されてしまうので、〝やや背屈〟がちょうどいい。右バッターでたとえると、左手の甲が一塁側のベンチに向いていると、スイングの際に左ヒジが上がり、どうしても

【写真5】バットの握り方（薬指・小指の使い方）

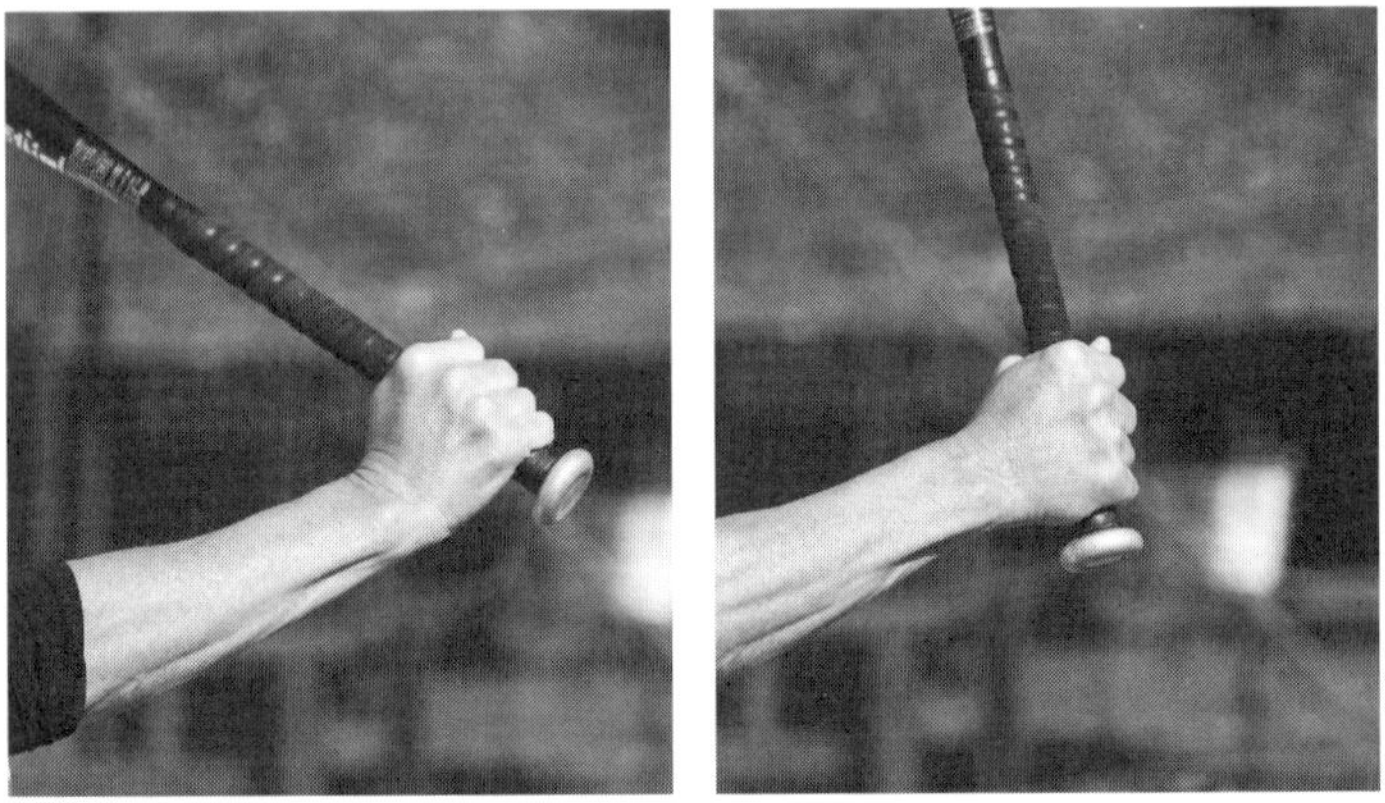

【写真6】コックの使い方

ヘッドが下がりやすくなる。

後ろの手首に関しては、寝かせたり、反らしたりもせずに、手の甲と前腕を「真っすぐ」に保つ。真っすぐの角度を保ったまま、スイングに入ることで、ヘッドが立った状態となり、投球をラインでとらえやすくなる。

オフシーズンのイベントなどで、元プロ野球選手が試合をしている映像を見ることがあるが、50歳になっても60歳になっても、ボールを遠くに飛ばすことができている。フリーバッティングであれば、今でも軽々とスタンドに放り込むだろう。筋力は衰えてきているはずなのに、あれだけの打球を打てるのは、バットのヘッドをうまく使えているからに他ならない。

これは、クラブを使うゴルフにも同じことが言えて、ベテランになればなるほど、道具をうまく使いこなしている印象がある。すなわち、バットにしても、クラブにしても、「ヘッドが重い」という道具の特性を知り、その特性を生かすことができる選手ほど、長く活躍できるのだ。力いっぱいやみくもに振っているだけでは、どこかで伸び悩みが来てしまうだろう。

投手の〝割れ〟と打者の〝割れ〟を合わせる

どんなにいいスイングをしていたとしても、ピッチャーが投げてくるボールにタイミングが合わなければ、高い打率をマークすることはできない。これが、バッティングの難しいところである。ピッチングマシンでは快音を飛ばしていても、実戦になると違うバッターに見える選手がいるが、この手のタイプはタイミングを合わせるのが苦手。日ごろから、ピッチングマシンだけでなく、ピッチャーを打つ練習を入れておく必要がある。

タイミングで一番大事なことは、ピッチャーの割れ（グラブから、利き手に持ったボールが離れていく）と、バッターの割れ（テイクバック）を合わせることだ。クイックで投げてこようが、変則フォームだろうが、どのピッチャーにも割れの局面は存在する。テイクバックでボールを隠すようなピッチャーと対戦したとしても、割れに合わせる意識を持っておけば、惑わせられることは少ない。

そして、ピッチャーがボールをリリースするときには、バッターはトップに入るか、もしくはトップを通過しておかなければいけない。リリースされてから、トップに入っているようでは〝構え遅れ〟の状態となり、半速球にしか対応できなくなってしまう。140キロのストレートだと仮定したら、ピッチャーのリリースからミットに届くまでの時間は0．4秒ぐらいしかない。このわずかな時間でボールをとらえることを考えたら、構え遅れしていては対応が難しいことがわかるはずだ。速いストレートを投げるピッチャーのときほど、早くタイミングを取ることを心掛けさせている。

だが、タイミングが遅いか早いかは、口で言ってもなかなかわからないところである。それを体感するのに最適なのが、第1章でも紹介したバックネット裏に打つ16メートルバッティングである。通常の18．44メートルよりも短いために、早くトップを作らなければ打つことができない。ここでストレートに思い切り差し込まれるようなバッターは、監督が言わなくても、タイミングを取るのが遅いことに気が付いていく。

あまり言及されることがないが、ピッチャーの〝見方〟も大事なポイントになる。ピッチャーを睨むようにして、目に力を入れすぎると、どうしても体全身に力が入ってしまう。こうなると、トップからの振り出しが遅くなる。理想は、フォーム全体をぼんやりと見ておくなかで、リリースポイントに焦点を合わせておくことだ。こうした見方ひとつで、バッティングは変わっていく。

前足の動きは「ℓ」をイメージ

昔から言われていることだが、一流選手は「間」の使い方がうまい。1・2・3のタイミングで打つのではなく、1・2・の～・3で打つ。球速差に応じて、「の～」を入れることで、緩急に対応することができる。「間＝ため」と置き換えてもいいだろう。

1・2・3で打てるのは、ストレートしか投げてこない少年野球だけである。ピッチャーはバッターのタイミングを外すために、フォームで強弱を付けたり、球種で緩急を付けるなどして、抑えにくる。それにもかかわらず、1・2・3のタイミングで臨んでいたら、結果が出ないのは明らかである。ストレートマシンに対して、ただただストレートのタイミングで好きなように打っている高校生も、注意が必要である。

では、「の～」を作り出すポイントはどこにあるか。

ここで再び、構えの話に戻るが、構えからテイクバックに移るときに、軸足の股関節に力をためておくように指導している。この際、股関節を少し内側にねじ込んだほうが、力をためやすい。軸足の上に頭を置き、軸足の内転筋に力を感じた状態で、前足をピッチャー方向に踏み込んでいく。意識としては、前足がステップするまでは軸足6、前足4の割合で、力を感じていたい。すべての意識が前足に移ってしまうと、上体がピッチャー方向に突っ込む原因となり、間を感じられなくなってしまう。

突っ込みが早い選手には、こんなアドバイスを送ることがある。

「軸足の股関節で、ボールを見なさい」

文字通り、軸足の股関節に目が付いている意識で、ボールをとらえにいくのだ。このイメージを持つだけで、タイミングの取り方が変わる選手がいる。

前足の使い方にもポイントがある。軸足側に真っすぐ寄せて、ピッチャー方向に真っすぐステップする直線的な動きではなく、筆記体の「ℓ（エル）」を描くようにして、体の遠くから近くに回していくのだ（写真7）。坂本勇人選手（巨人）の足の使い方を見ると、イメージが湧きやすいと思う。ただ、これは理想論であって、実践するのはなかなか難しく、今の県相でもこの使い方できている選手はほとんどない。これができると、ボールとの間が合い、おのずと打率は上がっていくと思うのだが。

前足の着地の仕方は、着地直前は「低空飛行」「つま先で優しく着地」の2点がポイントになる。上げた足を、地面に擦るようなイメージで下していく。「前足の探り」とも表

【写真7】前足の使い方

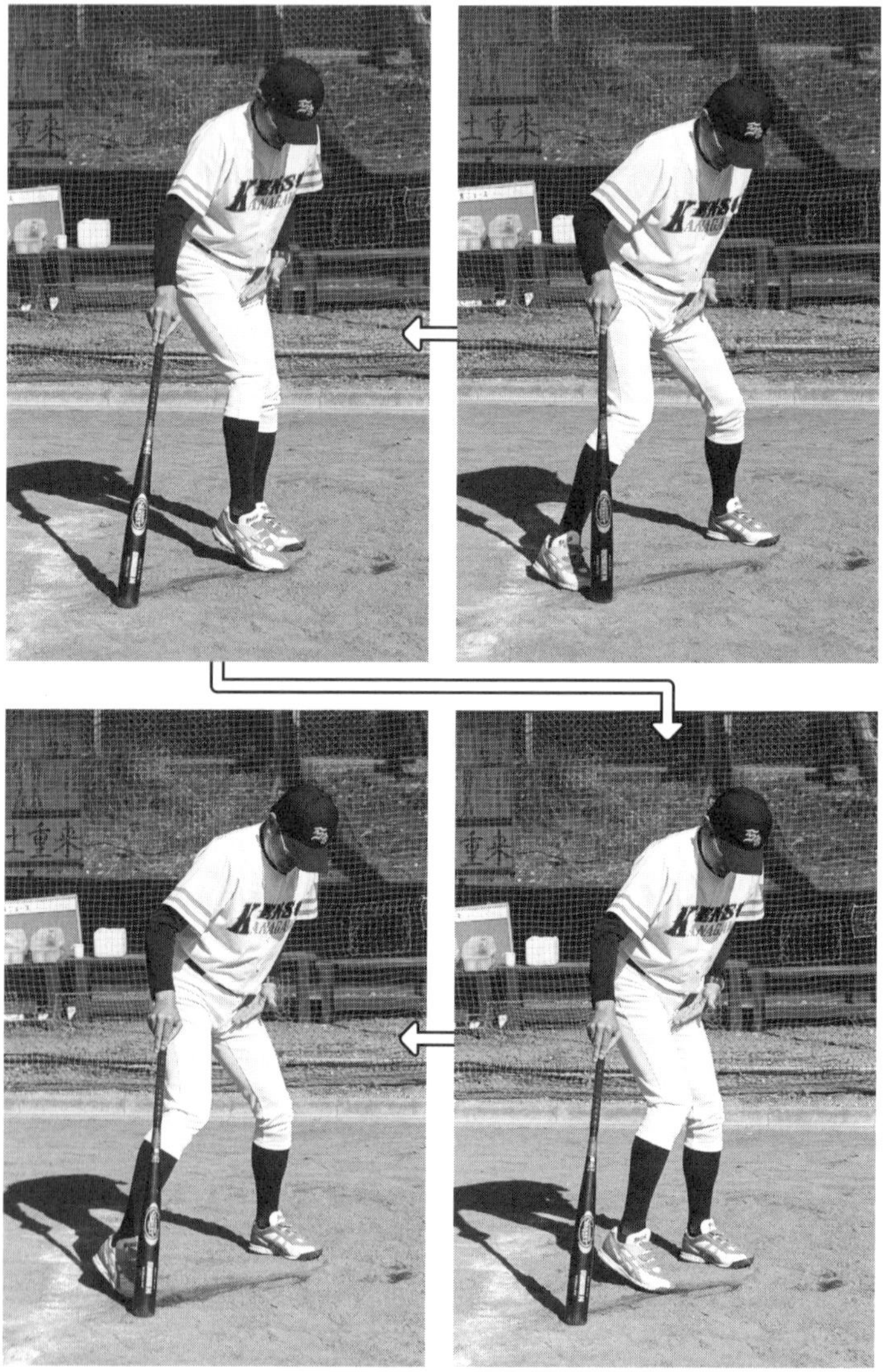

現されることがあるが、足裏全体で一気にドンと着くと、ストレートのタイミングでしか打てないバッターになってしまう。緩急に強いバッターは、地面とスパイクのかかとの間に隙間を作り、かかとを踏むタイミングを変えることで、球速差に対応している。

つま先で着地したあと、かかとで地面を踏むことによって、スイングが始まる。強く踏めば踏むほど、地面からの反力を得ることができ、それが強いスイングにつながっていく。弱く静かに踏むと、スイング自体も弱くなる。つま先を着くときは〝優しく〟であるが、かかとを踏むときは〝強く！〟を意識しておく。

この打ち方を実践するには、軸足の強さも必要になる。軸足一本で立ったときに、バランスが崩れてしまうようでは、元も子もないわけだ。だから、技術指導だけではバッティングは良くなっていかない。シーズン通して、トレーニングで体を鍛えていかなければいけないのだ（トレーニングについては160ページで紹介）。

また、最初のパワーポジションにつながっていく話だが、軸足のヒザに乗るような構えをしていると、どうしてもバランスが取りにくくなる。必然的に、前足の着地も早くなる。「構えが大事」と言い続けているのは、結局はこういうところである。構えが悪ければ、ためを作ることもできない。

前足の踏み出し角度は20度〜30度

前足のかかとを踏むときは、前足10、軸足0の意識を持っていい。実際、両足で立っているので、軸足側が0になることはないが、そのぐらいのイメージをしておいたほうが、強く振れるはずだ。

ただし、強く振ろうとすればするほど、頭がピッチャー側に突っ込んでしまうバッターがいる。知っておきたいのは、「頭の位置が、左右の股関節の幅から外れることはない」ということである。テイクバックで軸足の股関節に乗るときも、頭は股関節の上から外れてはいけない。ときに、軸足の外側に体重がかかり、骨盤と頭がキャッチャー方向に外れスウェーするバッターがいるが、これではバランスが崩れて、強く振ることができない。

中学生を指導していたときから口癖のように使っていた言葉だが、下半身のポイントは〝股関節のリレー〟にある。私と同じ左バッターであれば、左足の股関節にためたパワーを、右足の股関節にぶつけていく。ためができているバッターは、ユニホームの股間のラインにシワができる（写真8）。

【写真8】股関節のリレー

これも、「パワーポジションができてこそ」の話であり、かつ股関節や内転筋群が動く感覚がなければ、体得することはできない。繰り返しになるが、柔軟性を高めるストレッチに時間をかけることがバッティング向上につながっていく。

踏み込んだ前足のヒザが早く伸び切ってしまうバッターもいる。これは、股関節のリレーができていない証拠である。スイングしたあとに伸び切るのはまったく問題ないのだが、それ以前に伸びてしまうと、どうしても伸び上がったような打ち方になり、ボールに力を伝えられない。せっかく作ったパワーポジションが、緩むことにもなる。

伸び切る理由のひとつに考えられるのが、踏み込んだ前足の角度である。「開いてはいけない」と教わっているバッターほど、つま先を閉じてステップする傾向が見える。こうなると、ヒザがロックされてしまい、ヒザを伸ばすことで力を逃がそうとする。

前足のつま先は、20度から30度程度に開いてステップするのが望ましい。閉じてしまうと、前足の股関節に体重を乗せるスペースが狭くなるからだ。つま先を開いてステップすることでヒザにゆとりが生まれ、このゆとりがあるからこそ、変化球に泳がされたときにも、前の手1本で拾えることができるのだ。ヒザが早く伸び切るバッターは、高低の変化に対応できなくなってしまう。

後ろヒジと後ろヒザを同時に動かす

スイングを始めるとき、体のどこから動いていくのか。つまりは、スイングの初動はどこになるのか。

選手には、「前足のかかとをスイッチにして、後ろのヒジと後ろのヒザを同時に動かすように」と伝えている。右バッターなら右半身、左バッターなら左半身と、キャッチャー側から動くことが重要になる（写真9）。この動作を速くすることが、トップからインパクトまでの速さにつながっていく。このときにトップの位置が浅ければ、体とヒジの距離が近くなるわけで、加速距離が短くなってしまう。

バッティングで昔から言われている言葉に、「下半身主導」がある。下半身が動いて、そこに連動する形で上半身が動いていく。これによって、いわゆる〝捻転〟が生まれて、速く強いスイングを生み出すことができる。

この考えも間違いではないのだが、「下半身主導」を意識するあまりに、下が回っているのに、上がついてこないバッターがいる。バットを振らなければヒットは生まれないのに、そのバットがなかなか出てこないのだ。こうしたスイングを防ぐためにも、後ろのヒジと後ろのヒザを一緒に動かすことを意識させている。この方が、体幹を通して、上と下の動きがかみ合ってくるものである。

もうひとつ、バッティングを語るときに「開きが早い」という言葉がある。プロ野球中継の解説で何度も聞いたことがあると思う。何となく、感覚的にはわかっている選手もいるだろうが、これはどのような状態を指しているのか。

私の考えでは、トップを作ってから、前肩が最初に開くバッターは、どうしても胸がピッチャーに向くのが早くなる。これでは、アウトコースにバットが届かず、変化球にも対応できない。右ピッチャーの外のスライダーが苦手な右バッターは、ここに修正ポイントがあることが多い。左対左で外のスライダーが打てないのも、同じ理由だ。意識すべきは、今紹介したように後ろヒジと後ろヒザから始動することである（写真10）。

バッターとして特に注意したいのは、インコースを攻められれば攻められるほど、前の肩を開いて打とうとしてしまうことだ。体に近いゆえに、肩を開くことで空間を作ろうとする。ピッチャー視点で考えると、インコースを攻めるのはこのためである。バッターの目付がインコースになればなるほど、かかとに重心が乗るようになり、どうしても開きが早くなってくる。力のないピッチャーほどアウトコースの出し入れで勝負しようとするが、懐を攻めていかなければ、バッターの目付が変わっていかない。

とはいえ、最終的には体を開かなければ、強いスイングを生み出すことはできないわけで「開いてはいけない」と思いすぎることで、自分のスイングができていない選手もじつは多い。インコースとアウトコースで多少の違いはあるが、グリップが体の前まできたら、あとは体を開いてしまっても構わない。

ここで勘違いしてほしくないのは、体は自然に開くものであって、自分で意識してやるものではないということだ。

感覚的な話になるが、バットを持った手がヘソを通過するのに連動して、骨盤が回っていくイメージを持っておいたほうが、上と下がかみ合うように感じる。手が先に出て、そのあとに骨盤が回る。「下半身で打とう」と思いすぎているバッターは、このぐらいの意識を持つことでちょうど良くなることがある。

選手には、「腕が骨盤を越え、骨盤で押し込め」と教えている。インパクトを迎えるときに、大臀筋やハムストリングスの力を使って、骨盤でボールを押し込む。「腰が入ったスイング」と表現されることもあるが、それに似たイメージである。

【写真9】後ろヒジと後ろヒザを同時に動かす

【写真10】開き

軸足のヒザのベクトルは斜め下方向

「じゃあ、ヒジとヒザをどのように動かせばいいの？」

と疑問が浮かんだ人もいるだろう。ここから、具体的に説明していきたい。

まずは、軸足のヒザの使い方から。前足のヒザの内側にぶつけるようなイメージで、軸足のヒザを送る。プロ野球界のスーパースター・長嶋茂雄さんが、「股間を締めるように！」と指導されていたことがあるが、その動きと同じである。軸足、前足ともに内転筋に力を入れることによって、股関節のリレーがスムーズに行われる。このとき、前足のヒザが突っ張っていては、このリレーができなくなるのはすでに解説したとおりである。どこか1カ所でもうまくいかない動作が入ると、バッティング全体が崩れていってしまう。

軸足のヒザの送りに関して、気をつけるべき点がひとつある。それは、ヒザを送るときのベクトル（力の方向）だ。真っすぐ平行に送ろうとすると、前骨盤が上がり、下からのスイングになりやすい。インコースを打つときは、このテクニックを使うこともできるのだが、これが基本として身に付いてしまうと、ほかのコースに対応できなくなってしまう。

意識すべきベクトルは、斜め下方向である。右バッターなら左斜め下、左バッターなら右斜め下方向にヒザを送る。どちらも、前足のヒザに近づいていくため、見た目の形に違いはほとんどないのだが、斜め下方向に使ったほうがパワーを生み出せる（写真11）。

ヒザを送ることによって、軸足のかかとが自然に浮く。ここが重要で、「かかとを浮かせて、体を回すように」という指導も耳にするが、かかとは自分で浮かせるものではない。自分でやろうとすると、ヒザの送りが使えなくなり、軸足の股関節にためたエネルギーをロスすることになる。

後ろヒジの入れ方は、コースによって変わってくる。インコースを打つときは、ヒジの角度をより小さく鋭角にしながら、ヘソに近づけていく。鋭角にしなければ、バットの芯でボールをとらえることができないからだ。この角度を作るために、バットの握りが重要になり、小指までギュッと握っていると、グリップを体の近くに通すことが難しくなる。うまくヒジをたためないバッターは、バットの握りを見直してみるといいだろう。

このとき、前の脇を締める意識を持ちすぎると、懐が窮屈になり、後ろヒジを通過させる場所がなくなってしまう。インコースを打つときは、脇を開けるぐらいの意識で、前のヒジを体の外側に逃がす。「外側に抜く」という表現でもいいだろう。左バッターなら、

【写真11】軸足のヒザのベクトル

右ヒジを背中の方向に抜いてしまう。そうすることで、バットの芯を体の近くに寄せることができる。ヤクルトで活躍した古田敦也さんや、侍ジャパンの稲葉篤紀監督（元日本ハムなど）が、このテクニックをうまく使って、インコースをさばいていた印象が残っている（写真12）。

アウトコースに対しては後ろヒジの角度を広げ、肩の下からバットを出すことによって、インパクトまでの距離を作っていく。極端にいえば、バットを外に放り投げるイメージを持つと、体から遠い球であっても強くスイングすることができる。「最短で打とう」なんてことは、思わないほうがいい。肩と首の間から振り出している選手は、振り出す場所を変える必要がある。写真13を見比べると、ヒジの角度の違いがよくわかるはずだ。

また、構えたときに僧帽筋を緩め、背中に丸みを作らなければ、肩甲骨の機能を有効的に使えなくなってしまう。アウトコースを打つときには、後ろの肩甲骨の外転運動を使うことで、インパクトでボールを押し込むことができるのだ。これが、大きなフォロースルーにもつながっていく。パワーポジションの重要性と、肩甲骨の可動域を広げる大事さを、もう一度確認しておきたい。

コースによる、ミートポイントの違いについても言及すると、基本的にはヘソの前でとらえるのがオーソドックスな考え方となる。そこが、体の中心であり、もっとも力が入りやすい場所であるからだ。当然、球速とタイミングの問題で、ヘソの前で打つことも後ろで打つことも出てくるのだが、はじめから前で打とうとしていると、緩い変化球に体を出されて、強い打球を打てなくなる。

骨盤はある程度回った状態でインパクトを迎えるが、細かく言えば回転軸が二通りある。インコースに対しては骨盤の中心が軸となり、真ん中・アウトコースは前骨盤（ピッチャー寄り）が軸となる。インコースにも前骨盤で回ろうとすると、ボールとの距離が取れなくなる。

この骨盤の動きは、後ろヒザの向きとも連動していて、ヒザの方向と打球の方向は一致しやすい。というよりも、一致させたほうが強い打球を打てる。右バッターがアウトコースを打ちたければ、後ろヒザはライト方向に向くのが自然である。逆に、アウトコースに対して、後ろヒザがレフト方向に向いていたら、ライトに強い打球は打てなくなる。

したがって、後ろヒザは斜め下方向のベクトルを意識しながらも、どのコースをどこに打つかによって、わずかな方向性の違いが生まれてくる。このあたりは、数多くの球を打つことで、自分で感覚をつかんでいくしかない。

【写真12】インコース打ち　ヒジを外側に抜く

【写真13】ヒジの使い方（インコース）

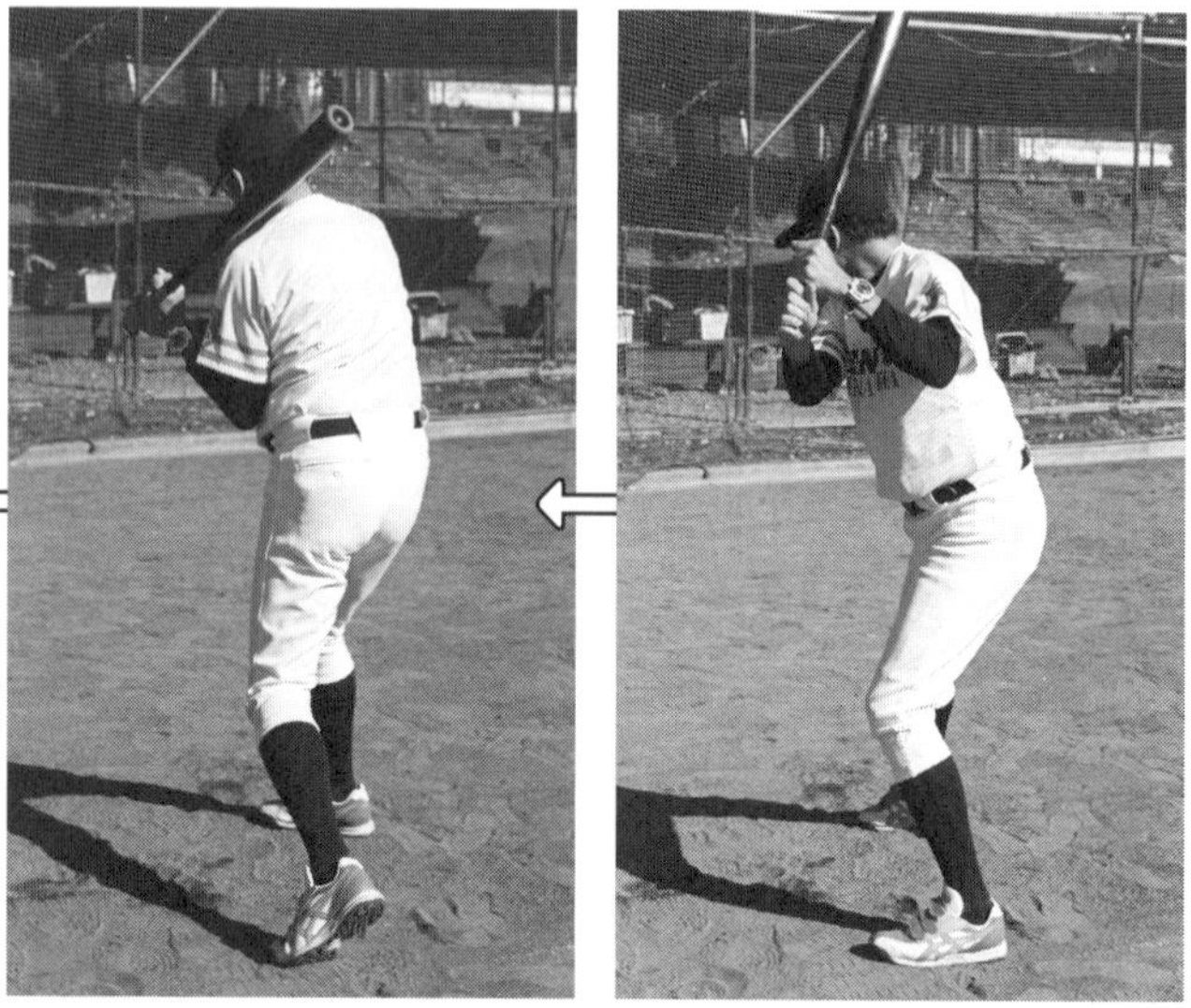

【写真13】ヒジの使い方（アウトコース）

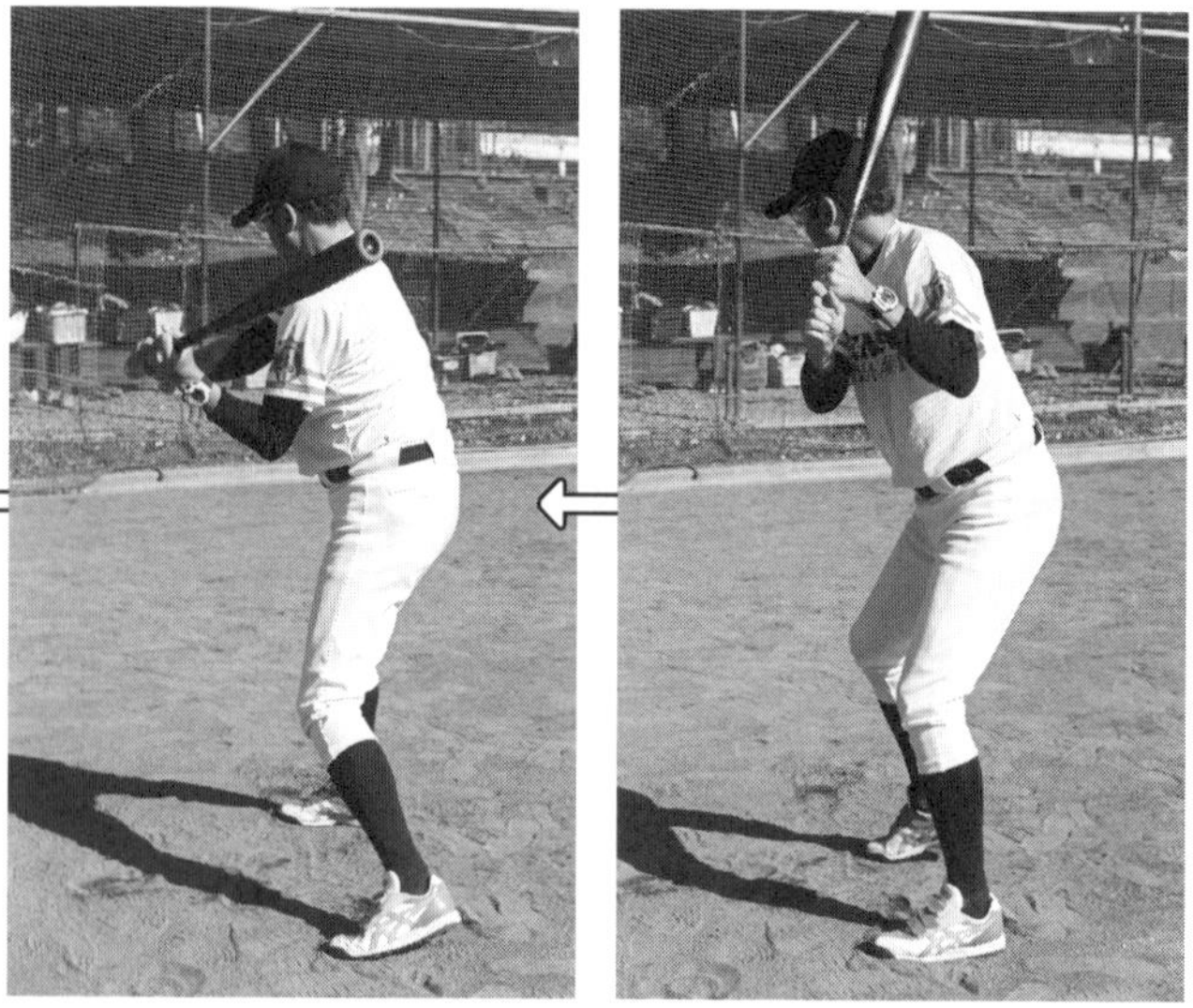

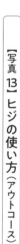

高めのレベルスイングから習得する

高低＋左右、さらに前後と、ピッチャーは三次元の空間を使いながら、バッターを抑え込みにくる。それぞれの高さやコースに対応できる打ち方を習得しなければ、打率は上がっていかない。どれだけ、スイングの引き出しを持っているか。「真ん中しか打てません」では、実戦で活躍するのは難しい。

先にインコースとアウトコースの打ち方を解説したが、実際の指導の順番としては、高めのレベルスイングから徹底的に押し込む。習得するまでに、数カ月かかる選手がほとんどである。

なぜ、高めから指導するのか。ここには、しっかりとした理由がある。ピッチャーの失投は、低めではなく、高めに抜けてくることが多い。低めを狙った変化球やストレートが抜けたときに、この甘い球を打ち損じていては、強豪私立には絶対に勝てない。たとえ、ストレート狙いだったとしても、抜けた変化球が来たときには反応できるようにしておきたい。それに、私立のエースは140キロ台のストレートを高めに投げ込んでくる。ここを振り負けていたら、いつまで経っても勝機は見えてこないのだ。

振り返ってみると、昨夏の横浜戦では、7回の風間のタイムリー、8回の中野のタイムリーともに、高めに抜けた失投を見事にとらえたものだった。練習を積み重ねてきた成果が、あの大事な場面で出たことは、選手にとって大きな自信となったはずだ。

入学してくる選手を見ていると、比較的、低めはうまくさばける選手が多いように感じる。簡単に言えば、低めはグリップを落とすだけでバットヘッドの重さを使えるので、芯でうまくとらえられれば、パワーのないバッターでも長打になるのだ。小学生や中学生を見ていると、長打のほとんどが真ん中低めであることが多い。このコースが、もっとも自然にバットの落下を使えるからではないだろうか。

その一方で、高めを打つ技術が身に付いていないと感じる。高めに対して、脇が空いてしまい、力のないフライになるバッターが目立つ。失投にもかかわらず、バッターが打ち損じてしまっては、相手を楽にするだけである。

高めのレベルスイングを覚えるために、写真14のようにボール止めネットの上部を、ゆっくりとなぞるイメージで素振りを繰り返す。振る高さは胸のあたり。最大のポイントは振り出しからインパクトに向かって、グリップを下げて、ボールを捉えにいくことである。

【写真14】高めのレベルスイング

なぜなら、グリップを下げることによって、ヘッドが立ってくるからだ。高めだからと、グリップを上げると、ヒジが上がり、逆にヘッドは下がる。柳田悠岐選手（ソフトバンク）や森友哉選手（西武）のように高めでもアッパースイングのようにかち上げるバッターがいるが、スイングスピードが速く、体に力があるからこそできる技術だと思う。

低めは、トップの位置からグリップを落とし、ボールの軌道にバットを入れていくイメージを持つ。「ラインに入れる」とも表現される技術だ。練習法としては、地面に置いたボールをゴルフスイングのイメージでセンター方向に飛ばしていく。この際、ボールを中心にして、キャッチャー方向からピッチャー方向に真っすぐの線を引いておくと、ラインをイメージしやすくなる。そのライン上にバットヘッドが乗るように、スイングする。

また、「トップとフォロースルーが正しい位置にあれば、正しいスイングができている」という考え方もある。トップ＝スタート地点、フォロースルー＝ゴール地点と仮定すると、スイング＝中間点とイメージができる。

スイングする高さによって、フォロースルーの場所が変わる。高めを振ったあとは肩より下に、低めを振ったあとは肩より上に、バットがおさまってくる。スイングがなかなか修正されない場合は、ゴール地点をイメージするといいだろう。

実戦につなげるためのトス&ティーバッティング

1対1のトスバッティング（ペッパー）をやらないチームが増えてきたように思うが、私は中学生を教えていたときから大事にしてきた。これまで紹介したような理論を確認し、体得していくには、日々のトスバッティングが欠かせない。腕の使い方やバットコントロールを磨くには、うってつけの練習だといえる。

長年続けているのが、右手と左手、片手ずつのトスバッティングである。片手だけで打つことによって、正しい動きをより丁寧に意識することができる。フリーバッティングの中だけで動きの修正をはかろうとしても、ボールを打つことに集中するため、なかなかフォームの改善にまで意識が向いていかないのだ。

トスバッティングを意味のあるものにするには、じつは投げ手にかかる比重が大きい。たとえば、インハイを打つための腕の使い方を覚えたいとしているのに、アウトコースにばかり投げていたら、練習の質が上がっていかない。そこで、県相で取り組んでいるのが、下手投げでのトスバッティングだ（写真15）。上から投げるよりも、下からのほうが狙っ

【写真15】ペッパー

たところに投げやすい。正面からのティーバッティングと同じ要領で、下からトスを上げる。フワッとした軌道だと打ちづらいので、ある程度はピュッとしたボールのほうを投げる。

トスバッティングを嫌う指導者の中には、「ワンバウンドで返そうとすることで、ダウンスイングのクセが付く」と感じている人もいると思う。たしかに、これは一理ある。ワンバウンドで返す意識が強くなると、首筋からバットを出す癖がついて、ボールの軌道にバットを入れられなくなる。

これを防ぐには、ノーバウンドでのトスバッティングがおすすめだ。投げ手に対して、ライナーでボールを返す。バットの芯でボールの中心を的確にとらえることで、ライナーで打ち返すことができる。いわば、バットを使ってキャッチボールをするイメージだ。

昨年秋、東京六大学野球リーグを観戦したが、大学生のトスバッティングは基本をしっかりと押さえた見事なものだった。私が特に見ていたのが、前足を踏み出す角度だ。つま先を閉じることはなく、20度～30度の角度で踏み出すことによって、トスバッティングの中でも股関節のリレーができていた。トスバッティングでこの角度が作れていないバッターは、試合でも同じ打ち方をしているものである。

ティーバッティングは、多くの高校で見かける斜め前からのやり方を、県相では取り入れていない。これは昔から言われ続けていることだが、野球の試合において、斜めからボールが来ることはないからだ。それに、斜めからトスされるボールを目の前のネットに打とうとすると、右バッターであればサード方向に引っ張る練習を繰り返していることになる。これでは、実戦につながるバッティングとは言えないのではないだろうか。

私が東林中の監督時代から取り入れているのが、正面からの打ち分けティーである。コの字型のネット（懇意にしている業者に特注で作ってもらっている）を2枚合わせることによって、真ん中に空間ができ、このスペースを使ってトスを上げる。トスのあと、左右どちらかのネットに隠れれば、打球が当たることはない。

右バッターであれば、インコースはレフトへ、アウトコースはライト方向に打ち返す。長年言われ続けているバッティングの基本となる「コースに逆らわずに打つ」を、ティーバッティングから実践していく。ヒジの使い方や、後ろヒザの送りをここで身に付ける。

コース打ちの補足をすると、バントをやることによって、内外高低のミートポイントを確認することができる。右バッターがインコースを三塁側に転がすときと、アウトコースを一塁側に転がすときでは、ミートポイントに違いが生まれる。ミートポイントがずれてきたと感じたら、バント練習で修正する方法もひとつと言えるだろう。

竹・木製バットで〝芯〟でとらえる感覚を養う

第1章の冒頭で「環境は人を作る、その環境は人が作る」という、大沢中の成井校長（当時）の言葉を紹介した。バッティング技術を上げることを考えると、練習で使うバットの種類を増やすことも、環境作りのひとつと言える。ただ、金属バットだけで振り込んでいては、技術は上がっていかない。

県相にはさまざまなバットがあるが、練習での使用頻度が高いのが、次の4つである。

・先端にリングを付けた木製バット（約1．2キロ）
・細く軽い竹バット（約600グラム）
・竹バット（約940グラム）
・金属バット（約1キロ）

ティーバッティングでは、重たいバットと軽いバットの組み合わせで、スイングスピードを上げていく。重たいバットだけで振り込んでいたら、筋肉に遅い動作を覚え込ませることになるので、これは逆効果だ。振る力は付くかもしれないが、スイングスピードは上がっていかない。

トスバッティングでは、金属バットよりも芯の幅が狭い竹バットを使う。片手で打つときでも、芯でとらえる意識を高め、狙ったとおりの打球を返していく。

フリーバッティングも、シーズン通して竹バットを使う。金属バットを使うのは、夏の試合前日の1本バッティングぐらいである。年々、金属で打つ回数が減っていて、フリーバッティング＝竹バットが定着してきている。「大会が近づいてきたら、金属で打ってもいいぞ」と伝えているにもかかわらず、竹バットで打つことが当たり前になった。夏の試合当日の朝には、学校で打ち込みをしてから球場に向かうのだが、そのときも選手たちは自らの意思で竹バットを使っている。

竹バットのいいところは、芯が狭いところと、木製バットよりも耐久性が高いところにある。あとは、芯を外れると、手がしびれることだ。しびれたくないから、芯でとらえる意識が高まる。

なお、軟式出身者と硬式出身者で比べると、高校入学時は硬式出身者のほうが芯でとらえる感覚が高いと感じる。それは、バットの芯でとらえなければ遠くに飛ばず、根っこで打つと〝詰まる〟という痛い経験をする硬球と、少々根っこでもボールが飛ぶ軟球の違いと言うことができる。だから、軟球で育った選手のほうが、芯でとらえる感覚が薄い。芯がウレタン素材でできた複合バットが流行っているが、ウレタン部分が広すぎるため、逆に芯でとらえる意識が低くなるように思う。

ただ、だからといって、硬式出身者が有利なわけではない。軟式から来た選手には、こんな声掛けをしている。

「入部したときは、硬式のほうがレベルが高いけど、これから守破離の守をしっかりと実践していけば、どこかで追いつき、最終的には抜くことができる。経験上、1年生の秋には硬式出身者との差はなくなっていくから」

はじめは、ボールの違いとバットの重さに苦慮して、カベにぶつかる選手が多い。それでも、カベにぶつかるからこそ、自分で工夫して、努力して、何とか乗り越えようとするのだ。環境が変わることをプラスに変えて、新しいことに挑戦できる選手は伸びていく。

対して、中学時代に硬球でプレーしてきた選手には発破をかける。

「今はリードしているけど、そこにあぐらをかいていたら、必ず抜かれるからな。向上心を持って、努力を重ねてほしい」

切磋琢磨しながら、チーム全体のレベルが上がってくことが、一番望ましいことである。

実戦で結果を残すためのマル秘テクニック

気づいた人はいないと思うが、昨夏の横浜戦は、打ち方を変えさせていた。

試合前日、彼らに送ったアドバイスは「ヒザを入れておけよ」。どういうことかというと、軸足のヒザをほんの少しだけ内側に入れて、構えるのだ。本来、構えの段階ではヒザは中に入らないほうがいい。中に入れることで、ヒザの送りによって生み出すエネルギーが小さくなるからだ。

それでも、内側に入れさせたのは、横浜投手陣の速いストレートに対応する狙いがあった。ヒザを入れておけば、わずかではあるが、トップからインパクトまでの時間を短くすることができる。

夏の大会前には、こんな話もした。

「手打ちでもいいから。先に手を出して、その動きにつられて、骨盤が回る意識を持つように」

大げさにいえば、骨盤の動きを止めて、バットを持った手を先に走らせる。手を出す意識を持ったほうが、バットのヘッドを早くボールにぶつけることができるのだ。これも、強豪私立のピッチャーを想定したうえでのアドバイスである。金属バットと速いストレートの組み合わせで考えると、芯をガツンとぶつけてしまえば、それなりに強い打球が飛んでいく。

ただし、こうしたテクニックを使うのは、夏の大会のときに限る。

なぜなら、秋や春の段階でこのような打ち方をしてしまうと、大事にすべきバッティングの基本が身に付かなくなるからだ。下半身からパワーが伝達されず、ヒザの送りが甘くなったり、手で当てにいったりする傾向が見られてくる。夏を迎えるまでに基本的なことはしっかりと習得し、最後の最後に勝つためのバッティング術を加えていく。身に付けるべき順番は、しっかりと押さえておきたい。

打席の立ち位置を変えることが、ピッチャーの攻略につながることもある。どこにどうやって立つかで、ボールの見え方がまったく変わってくるのだ。

たとえば、左ピッチャーと対するときは、右バッターはややクロスに、左バッターはややオープンに構える。「ボールが入ってくる軌道に合わせる」と考えれば、わかりやすい。横浜の及川投手と対戦したときには、「右バッターのインコースの投球割合が多い」というデータがあったため、右バッターに関してはホームベースから少しだけ離して、立たせるようにした。右バッターの懐に空間を作りたかったからだ。左バッターは、左足をバッターボックスの内側のラインギリギリに置くことによって、アウトコースに逃げていく軌道にも対応できるようになる。

対右ピッチャーには、細かい指示を出すことはあまりないが、右のサイドスローと対するときは別だ。右バッターは右足をバッターボックスのラインに付けて、ややオープンで構える。オープンで構えたほうが、球の軌道を見やすくなる利点があるからだ。それに、サイドスローはシュート回転しやすいので、右足をベースに近づけておくことで、ピッチャーの心理的にインコースが投げにくくもなる。左バッターは、ややクロスに構えておく。特

注意しておきたいのは、オープンでもクロスでも、ボールの見方を変えないことだ。特にオープンスタンスにすると、顔をピッチャーに正対させる選手がいるのだが、こうなるとボールは見やすい反面、前肩が開きやすくなるデメリットがある。

オープンスタンスのときは、ステップ位置にも注意したい。ステップ足まで開いてしまうと、アウトコースに対して当てるだけのスイングになりかねない。スクエアのときと同じように、ボールに対して真っすぐ踏み出すことを意識しておきたい。

サイドとオーバーでは回転軸が違う

ここからは、投手の育成法についても少し触れていきたい。私学を力で抑え込めるピッチャーはなかなか育っていないのだが、いくつか自分なりに大切にしている指導のポイントがある。

私が勝ち上るときは、右のキレのある本格派、変化球が切れる左腕のほか、右のサイドスローの割合が高い。代表的なところでは、川崎北では2007年秋ベスト4のエースが田中良季、県相では2019年の天池が右のサイドだった。もともとサイドだった選手もいれば、高校に入ってから腕の角度を下げたこともある。

サイドスローのポイントは、オーバースローに比べて、支点となる回転軸が前にあることだ。右オーバースローの回転軸が左足の股関節だとしたら、右サイドスローは左ヒザを軸にして回る。これを意識するだけで、球持ちが良くなるピッチャーがいる。

サイドスローといえば……、対戦相手で思い出すのが、県川崎工で投げていた青柳晃洋投手である。その後、帝京大で活躍して、今は阪神タイガースの先発ローテとして活躍している。川崎北の監督時代、3年生の春、夏と2度続けて当たったのだが、いずれも打ち崩せずに2対3と2対7で負けた。春は浮き上がってくるストレートとスライダーに力負けし、夏はそこにシンカーを混ぜてきて、攻略することができなかった。

サイドスローの利点は、オーバースローとは違う球の角度にある。球の回転軸も違うため、ピッチャーによっては低めが動くことがある。ピッチングマシンではなかなか練習しづらく、対策するのが難しい。オーバーで140キロ近く出ないのであれば、腕の角度を下げることも、生きる道のひとつと言えるだろう。

とはいえ、横から投げていれば何でもいいわけではなく、高校野球でサイドスローが抑えられる条件は、インコースにどれだけ投げられるかだ。シュート回転する利点を生かして、右バッターのインコースを攻めていけるか。そして、左バッターにはスライダー系の球種で懐を攻める。強豪私学のバッターは、腕が伸びるコースを得意にする傾向があり、ここでとらえられると長打になる確率が高い。

一方で、どれほどの強打者であっても、インコースをうまくさばけるバッターはそれほどいない。少しでも甘くなれば長打になるリスクもあるのだが、勇気と覚悟を持って、内側を攻めていくことが、試合を作ることにつながっていく。

平地ではキャッチャーを座らせない

ピッチャーはマウンドの上から、座っているキャッチャーに投げる。「何を当たり前のことを言っているのか」と思うかもしれないが、マウンドの上に立っていることが大事なポイントになるのだ。マウンドには傾斜があるため、どんなピッチャーでも、斜め下方向にベクトルが向くことになる。この傾斜を利用するからこそ、低めにボールを投げることができるのだ。

平地でキャッチボールするときに、キャッチャーが試合と同じように座ってしまうと、いつもとは違うリリースポイントで投げなければいけなくなる。だから、私の考えは「平地で投げるのなら、立ち投げでいい」。キャッチャーが座るのは、ブルペンに入ってからで十分である。

そのブルペンには、いくつかの工夫を加えている。三塁側には2カ所のブルペンがあるが、それぞれマウンドの傾斜角度が違う。球場によって低い、高いがあるので、それに対応するための準備となる。

そして、マウンドからアウトコース・インコースに向かって、1本ずつロープを張っている。これは、投球の軌道のイメージを視覚化したもので、このラインに乗るようにして、両コーナーの投げ分けを行う。

コントロールを決める要素はいくつかあると思うが、まず大基本となるのが、軸足の向きである。中学生や高校生に見られるのが、プレートに対して平行に軸足を置いていないピッチャーだ。はじめは平行に置いていても、足を上げたときにずれる例もある。右ピッチャーで考えると、軸足の内側が右バッターボックスに向いた状態で、右バッターのアウトコースに投げるのは体の構造上難しい。コントロールが悪いピッチャーほど、この力の方向性がずれていることが多い。キャッチボールのときから、軸足の内側を投げるべき相手にしっかりと向けることを意識しておきたい。

ひとつの例であるが、右バッターのインコースに投げたいときは、軸足のつま先を数ミリほど開き、アウトコースに投げたいときは、つま先をやや内側に入れればいい。そうすれば、どこに投げるにしても、軸足の向きを変えるだけで、コントロールを付けることができるのだ。器用な指先で、どうにか操作しようとしがちだが、軸足の向きに着目したほうがコントロールが安定してくるはずだ。

目の入れ替えで開きを抑える

パワーポジションに関しては、バッティングと共通するところがある。一本足で立ってから体重移動に移る局面においても、ヒザがつま先よりも前に出ないようなフォームを作っていく。ヒザが前に出ると、大腿四頭筋に力が入ることにより、強い出力を持つ体の裏側の筋肉を使いにくくなってしまう。

インステップするピッチャーの原因を紐解くと、軸足のヒザの使い方にたどりつくことがある。骨盤前傾のパワーポジションがしっかりと作れるようになれば、インステップも改善され、最後に胸の前面を使って投げることができる。

バッティングにおいては、ヒジの使い方や手首の角度など、上半身を直すことも多いが、ピッチングは下半身の使い方を改善することが、全体のフォームを良くすることにつながると考えている。裏を返せば、上半身、とくに腕の使い方を直すのは難しい。腕の角度を変えることはできるが、細かいヒジの使い方など指導していくと、そこばかり気にしてしまい、ピッチャー自身が持っている良さが発揮されにくくなるからだ。あまりに言いすぎると、投げるのが怖くなり、イップスになることもある。

ただし、何も言わないわけではない。

共通して伝えているのは、前肩の方向性である。投げたい方向に前肩をしっかりと向けた状態で、前足を踏み込むことができるか。前足が着地する前に、前肩が開いてしまうと、いわゆる「開きの早いフォーム」となる。これでは、どれだけ速いストレートを投げていても、バッターから見やすいフォームとなり、とらえられる確率が高くなる。

理想は、右ピッチャーであればユニホームの胸のマークを、三塁側に向けたまま、踏み込んでいけることだ。横向きの状態が長ければ長いほど、バッターはスイングの始動が遅れやすくなる。

このフォームを実践するために、ピッチャー陣には目の使い方を教えている。右ピッチャーの場合は、足を上げてから踏み込むまで、左目の左端でキャッチャーを見て、体の回旋の動きに合わせて、右目の右端で見るようにする。体重移動の際に、後ろにある右目で見ようとすると、どうしても胸のマークがバッターに向きやすくなってしまう。そう考えると、ピッチャーもバッターも、横を向いた半身の姿勢で体重移動できるかが、技術向上のポイントになってくる。

鍛える部位を毎日変える

第3章の最後はトレーニングについて。

ピッチャーでもバッターでも、理論が頭でわかることはもちろん大事だが、それを動きに変えて、さらに結果につなげていくには、体の強さや柔らかさが絶対に必要になる。体が変わることによって、理想的なフォームが身に付くこともあるわけで、技術習得と肉体強化は同時並行的に進めていかなければいけない。

今はインターネットで検索すれば、さまざまなトレーニングメニューを自分の力で調べることができる時代になった。高校生もスマホを当たり前のように持っているので、情報を仕入れることができる。「強豪校がやっているから」という理由だけで、試してみたくなることもあるだろう。

そのうえで、大前提として頭に入れておきたいのは「何をやるか」も大事であるが、それ以上に「どうやるか」が成長のカギを握る。同じメニューにしても、手を抜いていたり、正しい形が作れていなかったりすれば、その効果が低くなるのは明らか。「正しい形で、全力で取り組む」を、チームの当たり前にしていかなければ成長は見込めない。

県相のトレーニングを紹介すると、季節に限らず、毎日何かしらのメニューに取り組んでいる。オフの月曜日以外は、トレーニングに励む。練習試合のない冬のオフシーズンにだけ、体を鍛えようとしても、肉体の強化にはつながりにくい。1年中、コツコツと真面目に取り組むことが、夏の好結果に結びついていく。

メニューを組むうえで心がけているのは、「同じ部位を2日続けない」ということだ。全身をバランスよく鍛えていくのが最大の目的であるが、1日の中でバランスよく鍛えるには、時間的に無理がある。わかりやすい例をあげれば、火曜日＝下半身、水曜日＝上半身、木曜日＝ダッシュ系（瞬発力）と、鍛える狙いを変えていく。いろいろな部位をやるよりも、「今日は上半身！」と決めたほうが、選手たちも集中しやすいのではないか。時期によっては、「体の表側」と「体の裏側」と考えて、曜日を分けることもある。

毎日、同じ場所に負荷をかけていくと、筋肉が休む時間がなく、いわゆる「超回復」の効果を得られなくなってしまう。鍛えたあとには、食事でエネルギーを摂り（夕方の補食）、そして休む。このサイクルをうまく続けていかなければ、トレーニングだけやっていても大きく強くはなっていかない。

動的トレーニングに力を注ぐ

3年前から、トレーニングの考え方を変えた。それまではウエイトトレーニングに力を入れていて、筋肉をつけることでスイングスピードが上がると思っていたのだ。見た目の体つきはよくなったのだが、思ったような成果にはつながらなかった。

そこから方針転換して、動的トレーニングに力を注ぐようになった。簡単にいえば、負荷をかけた状態で、動きながら体を鍛えていく。動きの中でどれだけ出力を発揮できるかに視点を置いたほうが、技術向上につながりやすいように感じる。

メニューの一例を写真で紹介しているので、参考にしていただきたい（写真16）。

上半身と下半身をつなぐ腸腰筋を鍛えるのには、足上げ腹筋がおすすめだ。太ももの間にメディシンボールを挟むことによって、内転筋にも負荷をかけることができる。

ボックスジャンプは、パワーポジションからの出力発揮がポイントになる。全身の筋肉を総動員させて、一瞬でパワーを発揮するのがジャンプの動作だ。ジャンプを高く遠くに跳べる選手は、運動能力が高く、足も速い。出力の発揮の仕方がわかっていると見て、間違いないだろう。野球も一瞬で力を発揮する競技で、ボールを投げるリリースの瞬間、バットでボールを打つインパクトの瞬間は、時間にすればコンマ何秒の世界となる。

バトルロープは、短い時間で鍛えていくにはうってつけの道具だ。パワーポジションの姿勢で、片手ずつ交互に動かして、ロープを地面に叩きつけるなど、いくつかのメニューがある。1分間全力でやると、腕や肩、体幹に効いてくる。

タイヤを使ったメニューもさまざまあるが、体の裏側を鍛えるのにおすすめなのがタイヤ起こしやタイヤ押しだ。タイヤ起こしは、地面に置いたタイヤを、腕と体の裏側の筋肉を使って、起こす。腕だけでは持ち上がらない重さなので、下半身の力を使うことがいかに大事なことか実感できる。

灯油を入れるポリタンクに水を入れれば、立派なトレーニング器具に早変わり。タンクの中で水が動くので、姿勢を維持する体幹に負荷がかかる。タンクを持って走ったり、捻りを入れたレッグランジをしたりと、いろいろな使い方ができる。予算が少なくてトレーニング器具が買えないのであれば、生活の中にあるものから、器具を作り出すしかない。なお、ジャンプで使っているボックスは、一升瓶のケースを保護者がつなげてくれたものだ。あらゆる面で協力をしてくれる保護者のおかげで、存分にトレーニングに打ち込めている。

【写真16】トレーニング［ボールはさみ］

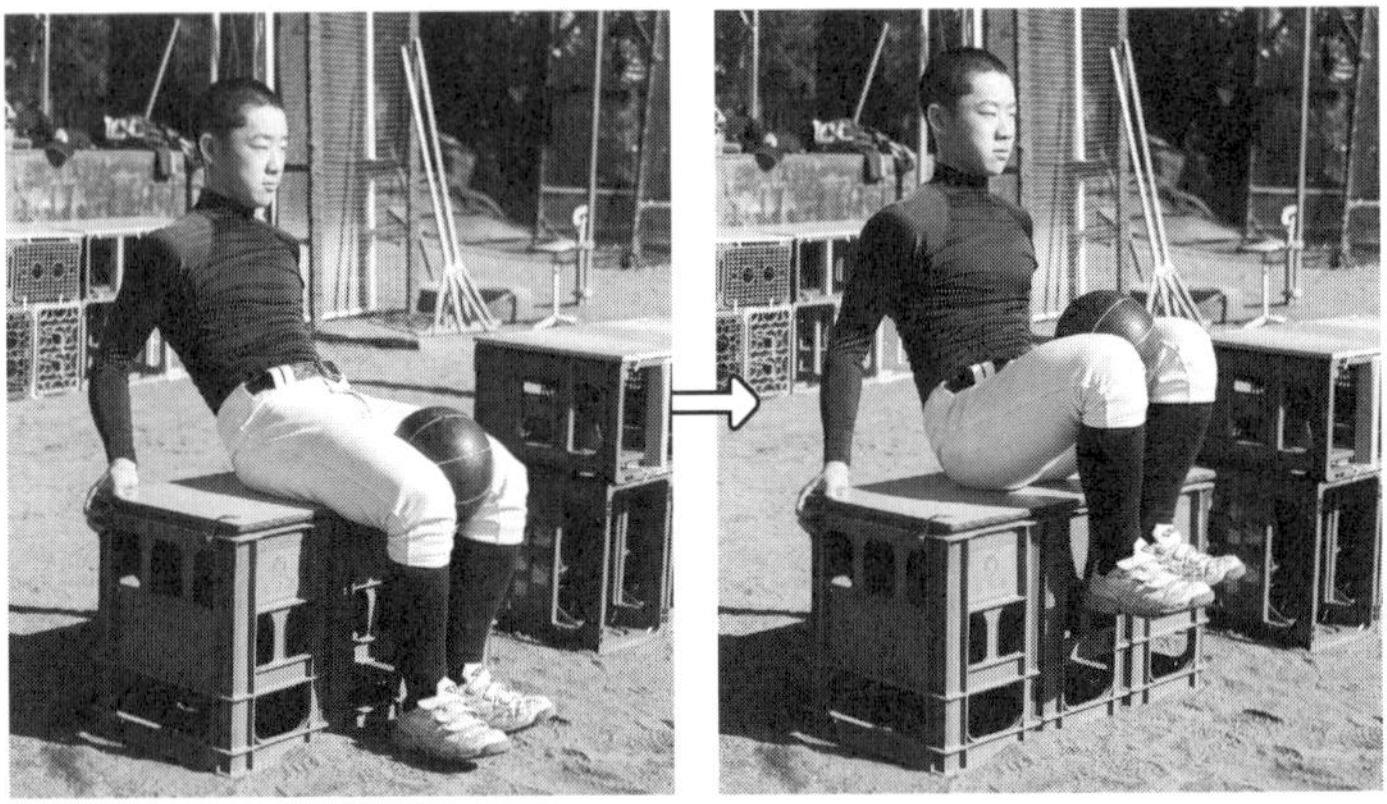

【写真16】トレーニング［ボックスジャンプ］

【写真16】トレーニング ［バトルロープ］

【写真16】トレーニング ［タイヤ起こし］

【写真16】トレーニング［タイヤ押し］

【写真16】トレーニング［ポリタンクランジ］

第4章 メンタル強化

メンタルの強さ＝「自信」と「思考」

技を磨き、体を鍛え、最後に上乗せしたいのが心、すなわちメンタルである。

どれだけ技術が高まり、体が強くなったとしても、メンタルの強さがなければ、甲子園は見えてこない。それだけ、「負けたら終わり」の夏のトーナメントで、練習で培ってきた力を発揮するのは難しいものだ。どんなに強いと評判の私立でも、劣勢の展開になると、信じられないようなミスが起きる。自分たちの流れのときは強さを見せるが、流れを失ったときには脆さが顔を出す。それが高校生の難しいところでもあり、ある意味では高校生らしいところとも言えるだろう。夏にかける想いが強ければ強いほど、「負け」が怖くなってくるものだ。

では、メンタルの強さとは何か――。

高校生の場合は、厳しい練習を乗り越えた〝自信〟からくる強さと、公式戦で自分の力を発揮するための〝思考〟の2つの強さがあると感じる。自信だけでは勝てないし、思考だけを持っていても勝つことはできない。言い換えるなら、力を蓄える能力と、力を発揮する能力の両輪が必要と言えるだろう。

自信をもっとも養うことができるのが、冬のトレーニングである。肉体的にも精神的にも負荷がかかるサーキットメニューで、心身を追い込んでいく。シーズン中も継続して行ってはいるが、トレーニングにそこまでの時間はかけられないので、集中して取り組めるのがオフシーズンになるのだ。

例年、さまざまなメニューを組んでいるが、ランメニュー中心の日は10・20・30・40・50メートル×各10本走る。それも1本ずつ上位と下位を入れ替えて、競争心をあおる。

限界を超える――。

これが、トレーニングの最大の目的であり、チーム全体のキーワードである。

「苦しい」「手を抜きたい」と思ったときに、どれだけ踏ん張ることができるか。そのときに、指導者に背中を押してもらうのではなく、己の力で限界に挑戦することが大事になる。ダッシュ1本にしても、ゴールの手前で抜くのとゴールの先まで走るのでは、1本1本の積み重ねで考えれば、大きな違いが生まれてくるわけだ。

冬のトレーニングはたしかにきつい。でも、きついからこそ、自分を成長させることができる。うまくなりたい、強くなりたいと思うのなら、今の自分の限界に少しだけ負荷をかけるしかない。指導者がいてもいなくても、自分で自分のことを追い込んでいく。簡単にこなせるメニューをやっていたら、限界値は上がっていかない。

それに、きついのは自分だけではない。一人では乗り越えられないことも、周りにいる仲間のサポートで乗り越えられるのが、高校生のいいところであり、チームスポーツの魅力でもある。自分が辛いときに、「頑張れ！」「最後まで！」と周りからの声によってもうひと踏ん張りできた経験があれば、今度は自分の声で仲間を助けることもできるはず。苦しいときにこそ、仲間の大切さに気付けるものだ。下級生のうちは、自分のことだけに精一杯になりがちだが、学年が上がるにつれて、周りを見られるようになってくる。

こうしたトレーニングを乗り越えることが、学年間の信頼関係を深めて、「束になる」にもつながっていく。私が課すメニューがきつすぎて、「監督、何考えてんだよ！」と思ってくれてもいい。メラメラと燃える敵（？）がいると、チーム一丸になりやすいものだ。

私も大学4年の夏、午前に陸上部なみに走り、午後に野球の練習をするという地獄のような夏休みを過ごしたことがある。暑さもあったので、毎日クタクタになっていた。毎晩、「何でこんなに走らなきゃいけないんだよ！」と仲間同士で愚痴りあった記憶がある。正直に言えば、愚痴というよりは、監督に対する文句に近かったかもしれない。それが、秋になると知らないうちに打力を含むチーム力が上がっていて、接戦での粘り強さも身に付いていた。その結果、リーグ戦では原貢監督・原辰徳（第5章で詳しく）の親子がいた東海大を破り、1980年の明治神宮大会で初優勝を成し遂げることができた。

指導者になってみると、チーム全員で苦しい練習を乗り越えることが、いかに大事なことかよく理解できる。監督への不満も愚痴も、指導者からすれば計算済みだ。私の学生時代は、指導者からやらされる立場であったが、自ら取り組めるようになれば、もっと強くなっていくだろう。県相の場合は、自分で追い込むことが好きな選手が多いように感じる。だから、冬を越えて、チーム力が上がっていくのだ。おそらくは、受験勉強を乗り越えてきた成功体験とつながっているのであろう。

夏の大会中、ベンチでこんな言葉をかけることがある。

「相手は疲れてきているぞ。お前らのほうが絶対に走ってきているから、自信を持て！」

この言葉で、チームの雰囲気がよくなることを何度も実感してきた。

指導者は、「自信を持って戦おう」とよく言うが、そのためには「限界までやりきった」という経験が絶対に必要になる。そうでなければ、言葉に説得力が出てこないのだ。上辺だけの言葉では、選手の心に響いていかない。

冬トレで粘り強さを身に付ける

県相の選手たちは、日ごろから真面目で素直な子が多い。学校全体を見ても、生活指導で注意されるような生徒はほとんどおらず、落ち着いている。生活がしっかりしているからこそ、勉強や部活動に集中することができている。

ただ、真面目ゆえに感じるところもある。競技スポーツを戦い抜くには、粘り強さや勝負根性が足りない。真面目だけでは、勝負に勝つことはできない。「野球で生きていく!」と本気で思っている私立のトップクラスに勝とうとするには、こちらにも覚悟が必要になってくる。

粘り強さや勝負根性を身に付けるにも、冬のトレーニングが大事な期間になる。もともと、手を抜くような選手は少ないのだが、冬の練習で「もっとできる!」「自分の限界はもっと先にある!」と思わせてあげたいのだ。

「古臭い精神論」と思われる人もいるかもしれない。しかし、「効率的」「科学的」が重視される時代だからこそ精神論を大事にしたい。技術と体力の差が少なければ、最後に勝負をわけるのはそこだと思うからだ。夏の苦しい場面で、「もうだめだ」と弱気な気持ちが少しでも出てきたら、勝負をモノにすることはできない。こういう選手は相手と戦う前に、自分の心に負けてしまっている。

川崎北でも県相でも、年数が経つにつれて、本気で甲子園を目指すようになったが、就任した当初は負けることに慣れていた。一流アスリートに共通しているのは、半端のない「負けず嫌い」の気持ちを持っていることだ。負けた自分を許せない。同じ相手には2度と負けたくない。負けて終わりではなく、負けた悔しさをどれだけエネルギーに換えることができるか。

手荒いやり方かもしれないが、練習試合で負けたあとにあえてトレーニングを入れることもある。負けることを当たり前にしてほしくないからだ。ただし、「点差×●本」というような設定にすると、彼らに〝ペナルティー〟の意識が生まれてしまう。そうなると意味合いが変わってくるので、指導者としては注意したいところである。彼らの心の内側から「絶対に負けたくない！」という気持ちが湧き出るようなアプローチをしたい。

2019年夏の大会中には、ベンチでガツンと気合を入れたこともあった。準々決勝の横浜戦、0対5のビハインドで5回終了時のグラウンド整備に入ったときだった。選手を集めて、強い口調で声を張った。

「目が死んでいる。負けている目だ！　野球はバットを持ったケンカだ。戦え！」

この言葉によって、闘志に火がついたかはわからないが、7回と8回に打線が爆発して、劇的な逆転勝ちをおさめることができた。

平成から令和の時代に移り、技術もトレーニングも最先端の考えが入ってくるようになった。私もよく見ているが、ユーチューブなどの動画サイトにはさまざまなトレーニングメニューが掲載されている。選手自らの力で、うまくなるためのヒントを見つけられる時代になった。

ただ、勝負に勝つとなったときには、「うまい」だけでは足りない。そこには、厳しい練習や修業を乗り越えた心の強さが必要になってくる。時代がどれだけ変わろうとも、昔から言われる「忍耐強さ」や「勝負根性」なくして、戦い抜くことはできないと思う。私立と戦う前から、名前負けしているようでは勝負にならないのは明らかだ。「世間をあっと驚かせてやろう！」と前向きな気持ちを抱けるかどうか。ここは県立高校の優位なところであり、「相手（強豪私立）のほうがやりづらいぞ。うちは失うものはないんだから、ぶつかっていけ！」と送り出しやすい部分もある。

凡事徹底――当たり前のことを一生懸命に――

自信を高めるのは、冬のトレーニングだけではない。チームで大事にしているのが「凡事徹底」の考えである。

「当たり前のことを、人には真似できないほど一生（一所）懸命やる」

当たり前のこと……県相の野球部でいえば、3歩以上の移動はダッシュで走る、時間厳守、あいさつ、声をつなぐ連呼など、チームの決め事を順守することだ。これ自体は何も難しいことではなく、意識さえすれば誰でもできることだろう。しかし、毎日やり続けるとなると、簡単ではないことがわかる。ほかに、自分自身で「家で素振りをする」「毎日勉強する」など決めたことがあるのなら、どんな状況であってもやり続ける。選手には「素振りやシャドウピッチングは、家での日課。生活の一部になるように」と話している。

何事も始めるのは簡単だが、それをやり続けるには意志の強さが必要になる。自分の調子が良いときは実践できたけれど、疲れているときにはできなかったでは意味がない。野球に置き換えてみれば、調子が良いときは結果を出せたけど、悪かったときは何もできなかったではチームのためにならないのだ。調子の良し悪しで野球をやっているようでは、高いパフォーマンスを持続することはできない。

私は中学生を指導していたときから、「徳を積む」「積極善」という考え方が好きで、選手にも伝えてきた。良いことを積み重ねていけば、いずれめぐりめぐって、我が身に何か良いことが起きると信じている。もちろん、その逆もあるだろう。第2章で紹介した「因果の法則」に似ているところがあるが、夏の大会前だけに実践しても、単なる場当たり的な行動で徳を積んだことにはならない。

凡事徹底にも同じことが言える。夏だけ頑張るのではなく、常日頃からやるべきことをしっかりとやる。グラウンドでも学校でも家庭でも、自分で決めたことをやりとおす。それが何か見返りを求めるものでなく、自らやることが当たり前となり、高いレベルで習慣化されていけば本物と言える。

そして、毎日コツコツとやり続けたことは必ず自信となり、夏の大会でプレーする自分を後押ししてくれる。一生懸命にやったことも、手を抜いたことも、一番わかっているのは自分自身だ。自分の心にウソをつくことはできない。日ごろから、そう感じられるような教育をしているつもりだ。

選手同士で褒めて、認め合う

若い頃は、練習は厳しい雰囲気でやるものだと思っていた。指導者がピリピリとした緊張感を作り出し、選手間でもミスがあれば、選手同士できつく指摘する。それが、チーム力の向上につながると考えていたのだ。

基本的にこの考えは変わっていないが、今はそこに加えて、「良いプレー、良い動きがあったら、選手同士で褒め合うように」と伝えている。ダメなことを指摘するのなら、それと同じように良いことはしっかりと褒めて、認め合う。こうしたほうが、選手も気分よく練習にのぞむことができるし、自分のプレーに自信を持てるようになる。何が良くて、何がダメかという基準も、チーム内で共有することができるだろう。監督と選手が同じような目で、プレーや動きを見られるようになれば、チーム力は上がっていく。

指摘することばかり考えていると、どうしても悪いプレーに目がいくようになるものだ。こういう目ばかりになると、チームの雰囲気も上がっていきにくい。それに、私の考えが「8叱る、2褒める」なので、なかなか褒められる機会が少ない。だからこそ、選手同士では褒め合ってほしいという気持ちもあるのだ。褒められたい、認められたいのは、人間の生まれ持った本能と言ってもいいだろう。それは高校生も大人も、変わらない想いのはずだ。これは、メンタルトレーナーの束さんから教わったことでもある。

技術に関しては、「自分と向き合うことが大事」と書いたが、トレーニングのときはそうとは言い切れない。厳しいトレーニングになればなるほど、チーム全員で盛り上げる声が必要になってくる。高校生の場合、明るい雰囲気に乗せられて、厳しさを乗り越えられることがあるからだ。暗く沈んだ雰囲気でやるよりは、明るく前向きにやる。苦しいときこそ、その苦しみを楽しさに換えていきたい。

あとは、仲間同士の関係でいえば、何か手伝ってくれたときにはしっかりとお礼をすること。「ありがとう」の一言があるのとないのとでは、大きな違いだ。それは友達であっても、当然のこと。「親しき仲に礼儀あり」とは昔からあることわざだが、本当にそのとおりだと思う。やってくれて当たり前のようになったときには、監督からの雷が落ちるときもある。

特に、レギュラー陣にこういう態度が見えてしまうと、メンバーとメンバー外の溝が生まれていく。これでは、束になって戦うことはできなくなる。

学校のリーダーになることで人間性が育まれる

中学生を指導していたときは、「学校のリーダーになりなさい」とよく伝えていた。今も、「野球部は学校のリーダーとして引っ張ってほしい」と話している。

学級委員長、生徒会、委員会、体育祭実行委員長など、学校にはさまざまな役職がある。男子生徒は「そんな面倒なこと、やりたくねぇよ！」と思うものだが、そこをあえて立候補するように導くのだ。誰もがやりたくないと思っていることに対して、自ら一歩踏み出すこと自体に、人としての大きな価値がある。じつは昨年、ピッチャーの天池と中沢篤樹が、私が就任してから初めて体育会・文化祭の実行委員長になった。

リーダーになれば、さまざまな意見をまとめる立場になるとともに、ほかの生徒の前で発言する機会も増える。人間性を育むには、とても大きな経験と言えるのだ。学校内での活動によって自信をつかみ、その自信をグラウンドでの行動にも生かしていく。これが、理想的なサイクルと言えるだろう。たとえ、何かうまくいかないことがあったとしても、それはリーダーになったから得られる経験だと考えれば、人間的にプラスになることのほうが多い。

具体的に言えば、リーダーを務めることによって、視野が広くなりやすい。自分だけの意見を通してもダメだし、主張の強い男子（必ずクラスにひとりはいる）の意見だけを聞いていていても、話をまとめることはできない。リーダーになることで、周りに対する目配り、気配りを養うことができるのだ。特に中学生は、良くも悪くも変わりやすい年ごろなので、自分で感じたこと、学んだことがいい方向に進んでいくと、びっくりするぐらいの成長を遂げる。

だからこそ、学校でもグラウンドでもさまざまな経験をすることが大事になる。集団の後ろにくっついていている選手よりは、先頭に立って引っ張っているほうが、学べることは多いはずだ。「立場が人を作る」という言葉があるが、仲間を引っ張る立場になったことで、飛躍的に成長した教え子にたくさん出会ってきた。特に恥ずかしがり屋の生徒が変わっていく姿を見るのは、教員としても感慨深いものがある。

あとは、人前で堂々と喋れるようにもなってくる。いつも、仲間内ではうるさい生徒でも、いざ人前に出るとモジモジと小さな声で喋る生徒がいるが、これではダメ。一人でも、自分の言葉ではっきりと伝えられるようになりたい。

野球のプレーで考えても、「心の中で思っている」だけでは意味がなく、「相手に伝える」まで進んでこそ、意味のある行動となるのだ。たとえば、ピッチャーやキャッチャーが「このバッターは、セーフティバントをしてきそうだな」と思ったとする。そこで、周りの内野手にどれだけ言葉を伝えることができるか。サードに「バントがありそうだから、前に守れよ」と言ったり、セカンドに「ベースカバー忘れるなよ！」と伝えたりするだけで、セーフティバントをされたときの対応力が変わってくる。ベンチにいる監督よりも、グラウンドでプレーしている選手のほうが雰囲気を察しやすいし、そうでなければいけない。

こうした意思疎通は、グラウンドだけで喋ろうとしても難しい話で、日ごろから思っていることを伝える習慣を付けていかなければいけないのだ。些細なことかもしれないが、伝えられるか否かで、試合の戦況が大きく変わっていく。

それに、学校の中でリーダーとして頑張っている姿を、必ず誰かが見てくれている。それは教員だったり、友達だったり、自分に関わるさまざまな人である。学校やクラスで、周りのために一生懸命に動いていれば、野球部の活動に対しても「頑張れよ！」と背中を押してくれるときがあるはずだ。昨夏のスタンドの応援が、まさにそうだった。こうして、周りから応援されることも、自分の心を強くする大きな原動力となっていく。

今できることにフォーカスを当てる

ここからは、もうひとつの「強さ」となる、本番で力を発揮するための思考についてお話ししたい。

公立高校に限らずではあるが、高校生の場合はひとつのミスから一気にミスが連鎖して、バタバタと崩れていくことがある。一旦、相手に流れが行くと、それを自分たちの手で食い止めるのはかなり難しい。甲子園を見ているとよくわかるが、ときにはスタンドの観客までもが相手の応援をしているかのように感じるときがある。

ミスを続けない。連鎖を断ち切る――。

ここ数年、チームとしてテーマにしていることである。そのために必要なのは、平常心で戦うこと。ミスが起きたとしても、すぐに頭を切り替え、現状を客観的に見つめて、やるべきことを整理する。その結果、目の前のプレーに集中することができる。

メンタルトレーニングに関しては、私もいろいろと勉強していたのだが、2017年秋から東さんに指導していただくようになって考え方が変わった。東さんはスポーツクライミングの東京五輪代表である野口啓代選手や楢崎智亜選手らを指導するなど、近年注目を集めているメンタルトレーナーである。「県立から甲子園を目指す学校をサポートしたい」と、選手に向けて、定期的に講義を開いてくれるようになった。

東さんから教わっているのは、モノの考え方、すなわち思考の部分である。どうすれば、本番で力を出せるのか。私にもチームにも響いたのは、「今この瞬間に、自分ができることだけにフォーカスする」という考え方だ。たとえば、連打でピンチを招くと「また打たれたらどうしよう」、ミスが出ると「また打球が飛んできて、ミスをしたらどうしよう」と、過去と未来を勝手につなげて、不安を感じてしまう。まだ、何も起きていないのに、悪い結果を想像してしまうのだ。そうなると、マイナスイメージだけが脳に残るようになり、心も体もポジティブに動かなくなる。

東さんは、「自分でコントロールできることと、できないことをわけて考えるように」と教えてくれた。コントロールできないことをいくら考えても仕方がない。すでに起きたプレーを悔やんでも仕方ないし、球審の判定に不満を表したところで、何かが変わるわけではない。とにかく、「今、自分ができることに集中する」。この訓練を続けていくようになり、少しずつミスの連鎖が減っていったように感じる。

架空実況で自分自身を客観視する

自分ができることに集中するためには、どのような取り組みが必要になるか。

東さんと出会ってから実践しているのが、架空実況だ。テレビやラジオのアナウンサーのように、自分のピッチングや打席を実況するのだ。実況に必要なのは、冷静に目の前の場面を整理して、客観的に見る力である。たとえるのなら、自分がドローンになり、空から試合を見ているぐらい、冷静な気持ちがほしい。もうひとりの自分が、プレーする自分を俯瞰的に見ているイメージである。

最高の状態は、無の状態でプレーに入れることだ。その境地になるには場面の整理が必要になる。たとえば、ランナー二塁の場面では、初球に変化球で入ってくる割合が高いバッテリーだとわかっていれば、「ランナー二塁、変化球狙い。ベルトから上の甘い変化球を確実にとらえる」と心で唱えながら、打席に入る。もし、エンドランのサインが出ていたのなら、「インコースは引っ張る、アウトコースは流す。センターラインだけには打たないようにする」と唱える。つまりは、やるべきことのセオリーを確認しておきたいのだ。

そして、ピッチャーがモーションを起こすときには無の状態になる。ピッチャーが投げるボールだけに集中する。「無＝何も考え無い」と想像しがちだが、決してそういうわけではない。さまざまな選択肢の中からやるべきことを明確にできてこそ、無の境地に入ることができる。

２０１９年夏の大会では、エースの天池がテレビ中継で映し出されることが多かったが、彼の口元が動いていることがよく見られた。ブツブツと喋りながら、セットポジションに入っているのだ。どんなことを喋っていたかまではわからないが、おそらくは架空実況をしながら、頭の中を整理していたはずだ。

よく「集中しろ」という声かけがあるが、やるべきことがわかっていなければ、集中できるわけがない。場面の整理＝準備と置き換えてもいいだろう。守備で考えてみるとわかりやすいが、一、三塁の中間守備で、内野手は「ボテボテのゴロならバックホーム、強いゴロならダブルプレー狙い」と事前に整理しておかなければ、いざ打球がきたときに慌ててしまう。ランナーにしてもそうだろう。ランナー二塁のときに、自分の左側に飛んだ打球はスタートを切っていいが、右側は自重。頭で整理しておかなければ、右側の強い打球に思わず飛び出してしまうことがある。

ミスが起きたときこそ「陽転思考」

こうしたことも、公式戦だけでやろうとしても難しいので、日ごろのノックやバッティング練習から、架空実況を入れて、場面を想定した準備をしていく。

しかし、どれだけ訓練をしても、いざ夏の大会になると緊張や疲労、プレッシャーから、すっぽりと忘れてしまうことがある。体が疲れてくると、判断力が鈍くなりやすく、思考のスピードも遅くなりがちだ。だから、ある程度の体力がなければ夏は戦えないのだ。「メンタルは技と体に上乗せ」と表現するのは、そういう意味もある。

判断力が鈍ったときには、仲間同士の声掛けが必要になってくる。グラウンドに出ている選手はもちろん、ベンチの選手も仲間に声を掛け合う。声を掛ける側も、仲間に指示を出すことによって、心が落ち着く場合があるものだ。ひとりではできないことも、仲間がいることで救われることがたくさんある。

チームのキーワードに、「陽転」という言葉がある。横断幕にも入れていて、もともとは「陽転思考」から来ている。「陽に転じる」という言葉のイメージから、ポジティブシンキングだと思われることが多いが、正確には「ダメだった結果を受け入れてから、次のことにチャレンジしていく」。もし、エラーが起きたとしても、エラーを受け入れたうえで、次のプレーに切り替えていけばいいのだ。だから、何かのミスが起きて、ミスの連鎖が起きそうになったときには、周りから「陽転！」の声が飛ぶ。

さらに言えば、ミスで作ったピンチであっても、それを防げば自分たちに流れを持ってくることもできる。よく言われる「ピンチのあとにチャンスあり」。一見、不利に見える状況ではあるが、プラスに転じるチャンスでもある。そう思っていれば、ピンチに対する捉え方も変わってくるだろう。

また、選手にはこんな話もしている。

「失敗を取り返そうとするなよ」

試合中、ミスを自分の力で取り返そうとすると、余計な感情が生まれ、それが力みにもなってしまう。公式戦に関して言えば、過去は過去でもう終わったこと。取り返そうと思わなくていいので、今できることに集中する。ピッチャーも、前の打席で打たれたバッターに対すると、「抑えてやろう」という気持ちが生まれがちだが、そういう邪念は捨てたほうが、自分の力を発揮しやすい。取り返そうとするのは、プロ野球選手であっても難しいことである。

仲間のミスに対しても、同じだ。「あいつのために打ってやろう！」と思っても、打てるものではない。そんなときこそ陽転思考を大事にして、冷静に客観的に現状を見つめて、今できることに集中したほうがいい。とにかく、過去と未来ではなく、「今」と向き合うこと。２０１９年夏の大会は、最後は東海大相模の力に飲み込まれてしまったが、それまでは冷静に戦えていた手ごたえがある。

なお、チームの横断幕には、「感動　陽転　決断」の3文字を入れている。横断幕全体の色は、私の好きなオレンジで、遠くから見てもよく目立つ。感動（＝感じて動く）、陽転（＝陽に転じる）、決断（＝一瞬で決めて断つ）はメンタルの話につながることで、最終的には自分で決断しなければ、前向きにプレーすることができない。

たとえば、監督からスクイズのサインが出ていたとしても、覚悟を決めてプレーするのは選手自身である。だから、最後はさまざまな迷いや不安を捨てて、決めて断たなければいけない。これができる選手は、練習で培ってきた自信があり、状況における思考の整理もしっかりとできている。プレッシャーがかかる夏に、結果を出しやすい選手と言える。

ただし、このような思考を練習や試合で本格的に実践していくのは、春の大会が終わってからでいいと考えている。なぜなら、新チームから春にかけてまでは、悔しさを引きずったり、過去のミスに影響されて失敗したりする経験も必要だからだ。架空実況で「今」に集中することももちろん大事だが、はじめからそのスキルを学び、実践していくと、そのスキルに逃げてしまう選手が出てくるように思う。春までは、過去の悔しさや失敗を大いに引きずっていい。まだまだ、失敗オッケーの時期だ。そういう経験がなければ、自分を客観視する必要性や大事さを実感できないのではないだろうか。

特に1年生のうちは、まだまだメンタルを高めるための技術は必要ないようにも思う。技術や体力がある程度身に付いてからで遅くはない。県相が秋や春になかなか結果を出せないのは、もしかしたらこのあたりの考えも影響しているのかもしれない。

それに、秋に悔しい想いをしたほうが、冬のトレーニングに高いモチベーションで励むことができるはずだ。選手との信頼関係が構築されている場合には、「お前が打っていたら勝っていたのに！」と、ストレートに言葉にすることもある。選手はイヤな気持ちになるだろうが、そこは「監督、しつこいよ！」と思われるぐらいでいい。打てなかった悔しさを、絶対に忘れてほしくないからだ。その言葉で心が折れるようでは、夏の大会で結果を残すことはできないだろう。

常に冷静に戦い続ける

試合前に、チームの士気を上げていくために、サイキングアップを取り入れるチームが増えている。サイキングアップとはチーム全員で声を出して、歌を歌うなどして、人的に集中状態を作り出すことである。

指導者の好みもあるだろうが、私はあまり好きではない。メンタルトレーニングのスキルのひとつであることは理解しているのだが、相手チームを見ていて感じるのは、サイキングアップで上がったテンションのまま、プレイボールからゲームセットまで戦えることは絶対にできないということだ。上がったテンションは、必ずどこかで下がる。正直に言えば、「どこかで隙が生まれるだろうな」と思いながら、相手のサイキングアップを見ている。儀式のひとつに過ぎないのではないだろうか。

私の理想は、フラットなテンションで戦い続けること。ハイテンションもローテンションもいらない。フラットな気持ちでいたほうが、目の前の状況を客観的にとらえやすいのではないか。それに、真面目な県相の子たちの性格を考えると、そのほうが合っているように思う。相手を見ていても、気持ちに波のないチームは隙が見えづらく、戦いにくいものである。

じつは、川崎北時代と県相の最初の頃は、試合の前だけにワーッと盛り上がっていたときがあった。でも、私の中には何か違和感があったのだ。練習ではそこまで気合を入れていないのに、なぜ、試合になるとそうした儀式のようなものをやるのか。「必要ないんじゃないか？」と止めるように言った記憶がある。

似たような話で、試合中のガッツポーズがある。別に禁止にはしていないし、自然に心の底から湧き出るガッツポーズは人間の本能だと思うのだが、彼らには「まだ試合は終わってないからな」と話している。それがわかっているのならいい。得点が入ったことにあまりにも騒ぎすぎると、テンションだけが上がってしまう。そうなると、またどこかで下がっていくのだ。

本当の意味で喜ぶのは、ゲームセットのときだけ。現実的な話をすれば、ゲームセットの瞬間から、また次の試合が待っているわけで、指導者からしてみたら喜んでいる時間はそれほどないものだ。昨夏の横浜戦もうれしかったことは確かだが、頭の中はすぐに東海大相模戦に切り替わっていた。

勝負どころだからこそ「8割」で

何度か紹介しているが、2018年夏は準々決勝で東海大相模に逆転サヨナラ負けを喫した。9回裏に森下選手に同点2ランを浴びたシーンを振り返ると、堀場海が1ボール2ストライクから投じたフォークが甘く入り、レフトスタンドに放り込まれた。たしかに甘い球ではあったが、それを一振りで仕留め、さらにスタンドにまで持っていく森下選手のバッティングには恐れ入った。森下選手は高校を卒業したあと、中央大学に進み1年春からリーグ戦で活躍し、大学日本代表にも選出された。

あの試合から数カ月経った頃、ピッチャーの堀場に当時の心境を聞くと、こんな話を教えてくれた。

「空振り三振を取りたいという気持ちから、思い切り力んで投げてしまいました。フォークがあまり落ちませんでした」

フォークという球種は、力めば力むほど落ちが悪くなりやすい。8割の力で腕を振ることによって、バッターの手元でスッと落ちる。特に、堀場のフォークはそこに特徴があった。あの場面でそれを要求するのは酷かもしれないが、ぜひとも後輩に聞かせてあげたい言葉だと思った。先輩が得た教訓を、学びに変えていかなければいけない。勝負どころこそ、力まず冷静に。

もちろん、フォークに限った話ではない。投手陣に言っていたのは「追い込んだときこそ、8割の力で投げなさい」。目一杯投げたからといって、球が速くなるわけではない。むしろ、力を込めて投げようとすると、どうしても前肩の開きが早くなり、バッターにとっては見やすいボールになってしまう。

ピッチャーは、「打ち取りたい」と思うほど、余計な力みが生まれやすい傾向にある。よくあるのが、追い込んでから決めに行ったストレートが、きわどいコースながらも「ボール」と判定されたあとに、崩れていくことだ。自分で決めに行ったあとだけに、アウトを取れなかったことが、心のダメージとして残っていく。だから、表情を変えずに、どんなときでも淡々と投げられるピッチャーが一番強い。

戦う側の監督としても、マウンド上での喜怒哀楽が出るピッチャーのほうが、攻略がしやすいものだ。調子の良し悪しや疲労度が、表情にも出やすいからだ。何を考えているかわからない無表情のピッチャーのほうが、イヤなものである。私の考えが影響しているからだろうが、川崎北も県相も冷静に淡々とアウトを重ねていくタイプが多い。

3ボール2ストライクのフルカウントも、ピッチャー心理が結果に表れやすい場面と言える。特に2ボールや3ボールのボール先行カウントから、フルカウントにまで整えたときだ。「あと1球で終わらせたい」という気持ちが働き、それまでとは違った心理状態になりやすい。フルカウントになったとしても、心の中では「3ボール1ストライクの気持ちで投げなさい」と伝えている。欲をどれだけ消せるかが、大きなポイントとなる。

ただし、である。ブルペンでは、目一杯10割の力で投げることも練習しなければいけない。なぜなら、普段から8割で投げてばかりいたら、ピッチャーとしての出力が上がっていかないからだ。マックスの出力が10のなかでの8割と、50のなかでの8割では、球の威力もキレも変わってくるのは明らかであろう。

もし、ブルペンで100球投げるとしたら、70球は8割の力、30球は10割の力と、力の入れ具合を変えるのが理想となる。一番良いのは、10割で投げたときにもフォーム、コントロールともに乱れないことであるが、そのためには体の強さも必要になってくる。高校生でもドラフト1位クラスとなれば、試合の状況に応じて、8割と10割をうまく使い分けて、ギアチェンジをしているように感じる。

「勝負どころだからこそ8割」の考えは、バッターにも通じていく。チャンスの場面になるほど、「おれが決めてやろう！」とどうしても思うが、そうなればなるほど力んでしまう。これは、ピッチャーもバッターも一緒だ。力むと、どうしても体に力が入り、振り出しが遅くなる。その結果として、いつもよりもヘッドの出が悪くなり、「とらえた！」と思った打球でも、差し込まれるようになるのだ。

第3章でも少し触れたが、バッティングにはオンとオフが必要になる。構えのときに力を抜いているから、インパクトで力を込めることができるのだ。はじめから、グリップをギュッと握っていると、肝心のインパクトで力が加わりにくい。これは、剣道やテニス、バドミントンなど、用具を扱う競技に共通することで、力を出したければ、はじめにオフの状態を作らなければいけない。プロ野球選手を見ていると、構えの段階では手をグー・パーさせながら、余計な力みが入らないような工夫をしている。

理想を言えば、チャンスであろうが、ランナーがいない状態であろうが、同じ精神状態でバッターボックスに入れることだ。ピッチャーの配球傾向などをしっかりと頭に入れたうえで、あとは自分で実況をしながら、無の状態で勝負にのぞむ。これができれば、おのずと得点圏での打率も上がっていくだろう。

マンダラートで思考を整理する

2020年の年明け、とてもうれしいことがあった。

グラウンドに行くと、「マンダラート」と呼ばれる目標を達成するためのシートが置いてあった（198ページ）。9×9のマスで作られたもので、一番真ん中にチームの目標を書き込み、その周りに目標を成し遂げるために大事なポイントを8つ書き出す。さらに、そのひとつひとつを実現するための要素を8つ記す。こうして、思考の整理をしていく。メジャーリーグで活躍する大谷翔平選手（ロサンゼルス・エンジェルス）が、花巻東高校時代に取り組んでいたことで話題にもなった。

何がうれしかったかというと、私からの指示ではなく、選手自らが取り組み、形に表したことである。上級生中心に考えを出し合い、それを女子マネージャーがまとめて、仕上げたという。選手に聞くと、たくさんのキーワードが出て、それを取捨選択するのが大変だったそうだ。

ド真ん中にあったのは「甲子園1勝」。周りには「精神力」「打ち勝つ」「投手力」「守備力」「走塁力」「束になる」「運」「打倒私学」のキーワードが並んでいた。

感心したのは、私が日ごろから口にしていることが、マンダラートの中にしっかりと入っていたことだ。たとえば、「精神力」の項には、「俯瞰」「一喜一憂しない」という言葉がある。ドローンの目を持ち、自分をどれだけ客観視できるか。架空実況につながるところである。そして、ハイテンションにもローテンションにもならずに、平常心で戦い続ける。

「守備力」のところに書いてある「一大事」も、口酸っぱく言い続けている言葉だ。これは、「イチが大事」の意味で、守備で焦りが出ると、捕ることと投げることを一緒にしてしまうことが多い。早く、アウトを取りたい気持ちが働いてしまうのだ。こうなると、捕球を確認する前に、投げたい場所に目を向けることになり、ミスにつながりやすい。まずは、イチ＝ボールを捕ること。ボールを捕らなければ、投げることはできない。

これまで、選手個々で取り組んだことはあるのだが、チームでマンダラートをやったことはなかった。こうして、1枚のシートにまとめると、やるべきことが明確に見え、思考を整理できる。何ができていて、何ができていないかもよくわかる。何より、自分たちで考えたことだからこそ、その言葉や行動に責任を持てるはずだ。主体的に前向きに取り組む気持ちが、個人個人の心を強くしていく。

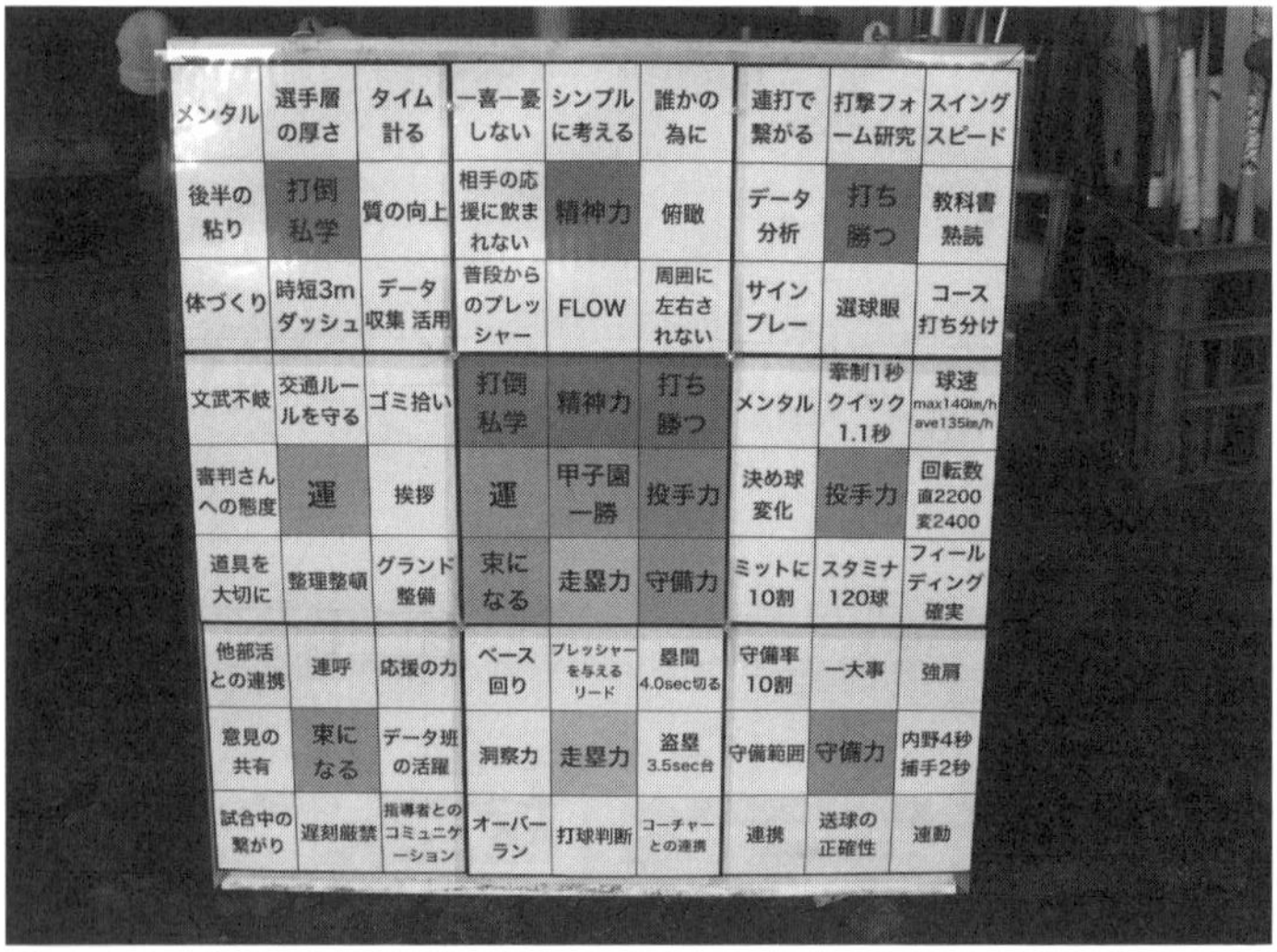
メンタル
選手層の厚さ
タイム計る
一喜一憂しない
シンプルに考える
誰かの為に
連打で繋がる
打撃フォーム研究
スイングスピード
後半の粘り
打倒私学
質の向上
相手の応援に飲まれない
精神力
俯瞰
データ分析
打ち勝つ
教科書熟読
体づくり
時短3mダッシュ
データ収集 活用
普段からのプレッシャー
FLOW
周囲に左右されない
サインプレー
選球眼
コース打ち分け
文武不岐
交通ルールを守る
ゴミ拾い
打倒私学
精神力
打ち勝つ
メンタル
牽制1秒 クイック1.1秒
球速 max140km/h ave135km/h
審判さんへの態度
運
挨拶
運
甲子園一勝
投手力
決め球変化
投手力
回転数 直2200 変2400
道具を大切に
整理整頓
グランド整備
束になる
走塁力
守備力
ミットに10割
スタミナ120球
フィールディング確実
他部活との連携
連呼
応援の力
ベース回り
プレッシャーを与えるリード
塁間 4.0sec切る
守備率10割
一大事
強肩
意見の共有
束になる
データ班の活躍
洞察力
走塁力
盗塁 3.5sec台
守備範囲
守備力
内野4秒 捕手2秒
試合中の繋がり
遅刻厳禁
指導者とのコミュニケーション
オーバーラン
打球判断
コーチャーとの連携
連携
送球の正確性
連動

監督は不安を感じるぐらいがちょうどいい

監督のメンタルについても触れておきたい。

試合前の私はマイナス思考である。日常ではポジティブな性格であることを自覚しているが、公式戦に関しては負けることへの不安が常につきまとう。これは、どんな相手であろうと変わらない。

むしろ最近は、相手が同じ公立高校のほうが「負けるわけにいかない」と思うようになった。選手にも話しているように、強豪私立であれば「うちには失うものはない！」と向かっていけるのだが、対公立となるとそうはいかない。勝つことよりも、負けてはいけないことが先に来てしまう。本当はそれではいけないのだろうが。だから、私立の監督が公立と戦うのを嫌がる気持ちが、今は少しわかる。

試合前夜、私は自宅でいつも独り言のように呟いている。

「やべぇな、明日勝てるかな……」

それを聞いた妻の佳代子が、「出た出た。いつもそうだよね」と合いの手を入れてくる。

夏には、毎試合行われるやり取りと言ってもいいかもしれない。

試合前は心配と不安しかない。でも、それがいいのだと思う。指揮官が「明日は勝てるだろう」なんて甘い気持ちを少しでも抱いたら、それは選手にも伝わってしまう。実際に、楽観的に考えてしまって、苦い経験をしたこともある。監督は「石橋を叩いて叩いて叩いて、ようやく渡る」ぐらいがちょうどいい。

では、その不安要素をどのように振り払っていくか。それは選手たちを信じることと、あとは相手を分析したデータを活用することである。どんなに強いといわれる相手でも、弱点がゼロであることはありえない。プロ注目の強打者でも打てないところは必ずある。大会屈指の好投手でも、すべてがストライクゾーンの四隅に決まるわけではない。カウント別の配球を見ても、何かしらの傾向は見えてくる。それらをひとつずつ拾っていけば、勝機を見出すことができるのだ。

ただし、監督としてはデータを鵜呑みにしてもいけないことを知っておかなければいけない。私の経験上、データばかりに頼った試合はうまく進んでいかない。大事なのは実戦での感性や感覚であって、「データ通りじゃないな」と感じたら、選手が調べてくれたデータであっても、スパッと捨てるぐらいの覚悟がなければいけない。

戦いに臨むためのルーティンを確立しておく

不安を振り払うための方法がもうひとつ。

完全に決まり決まったことではないが、夏の大会のときは私なりのルーティンができあがっていることが多い。

2018年は、その年の4月に亡くなったばかりの父・正男の仏壇に線香をあげて、「試合に行ってくるね。頼むね」と声をかけてから、球場に向かっていた。ベンチにいるときも、ふとしたときに父親の顔が浮かんだものである。天国から守ってくれていたような気持ちで、戦いにのぞんでいた。

ただ……、悔いが残るのは、サヨナラ負けを喫した東海大相模戦のときだけは線香をあげるのを忘れてしまったのだ。試合中も、父親のことを思い出すことがなかった。東海大相模というカベを前にして、いつもとは違う精神状態になっていたのかもしれない。

2019年に関しては、その年の3月に生まれた孫・凱士の動画を見ていることが多かった。長女・友希の初めての子どもである。試合前に孫の笑顔を見ることによって、心が穏やかな気持ちになれたのだ。試合前はどうしてもピリピリした心境になりやすいのだが、孫のおかげで癒しをもらうことができた。

初孫であり、もう愛おしくて仕方ない。孫は、想像していた以上に、かわいい。私自身、〝おじいちゃん〟になってみて、今まで以上に目の前の生徒たちのことをかわいく感じるようになった。人として、また新たな視野を持てたように感じる。彼らに厳しいことを言うこともあるが、根底にあるのは、「生徒がかわいい」という想いだ。その気持ちは年齢を重ねるとともに、深まっている。

もうひとつ余談ではあるが、試合の日は赤いパンツを履いていた。風水か何かを見たときに、2019年の勝負の色が赤だったのだ。前年（2018年）に還暦を迎えたときに、お祝いに赤いパンツをたくさんもらったこともあり、プレゼントしてくれたみんなの気持ちも感じながら戦いたい、という想いもあった。

「ルーティン」と書くと何か堅苦しいところを感じるので、言い換えるのなら「自分なりに、心が落ち着く方法を考えておく」となるだろうか。選手が自分の力を発揮したいと願うように、監督も夏の舞台に浮き足立たずに平常心で戦う。監督がよそ行きの姿を見せてしまうと、チームの戦いにも影響が出るものだろう。

人生楽しんだもの勝ち

私自身、運のいい人生を送っている。ツキもある。出会いにも恵まれている。たとえ、ツイていないことがあったとしても、そう思わないようにしている。それは、前向きな人、明るい人にこそ、運が舞い込むと信じているからだ。後ろ向きでウジウジしている人に、野球の神様が味方してくれるとは思えない。一緒に話をしていても、ネガティブなことを言う人よりも、ポジティブで前向きな人のほうが、良い運が来そうな気がする。

これは、選手にも言っていることだが、「マイナスなことより、プラスのことを口にしよう」と伝えている。できないことばかりを考えるよりも、どうしたらできるかを考えたほうが、アクティブな気持ちになれるだろう。

人生楽しんだもの勝ちである。だから、食べたいものを食べるし、飲みたいものを飲む。ストレスをためてしまったら、精神的に不安定になってしまう。ただ長生きだけはしたいので、お酒の量は以前よりも減らしてはいる。昨年秋に胃カメラを飲んだら、小さなポリープが見つかったのだが、かかりつけの医者がすぐに切除してくれた。こういうタイミングも、本当にツイていると思う。

今、勝つことも負けることもあるけれど、選手たちと一緒に「甲子園1勝」を目指して戦えていることが、最高に幸せだ。なかなかできる経験ではない。もともと、勝負が好きな人間なので、勝ち負けの場に身を置けていることが非常に楽しい。

監督が「試合を楽しむ」と表現すると、語弊があるかもしれないが、県立高校の監督として、多くの注目を集める中で東海大相模や横浜と戦うことができるのは、本当に幸せ者だと思う。吐きそうになるぐらい、緊張するときもあるのだが、対戦できる喜びを感じながら、采配をふるっている自分がいる。

さらにうれしいのは、教員になった教え子がたくさんいて、今も教員を目指している高校生、大学生が何人もいることだ。私の影響がどこまであったのかはわからないが、彼らが監督業、教員業を間近で見るなかで、少しでも「つまらなそうだな」と感じていたら、きっと志していなかったはずだ。近い将来、教え子と公式戦で対戦できる日がきたら、これ以上ない喜びとなるのは間違いないだろう。

第5章 指導者として生きる

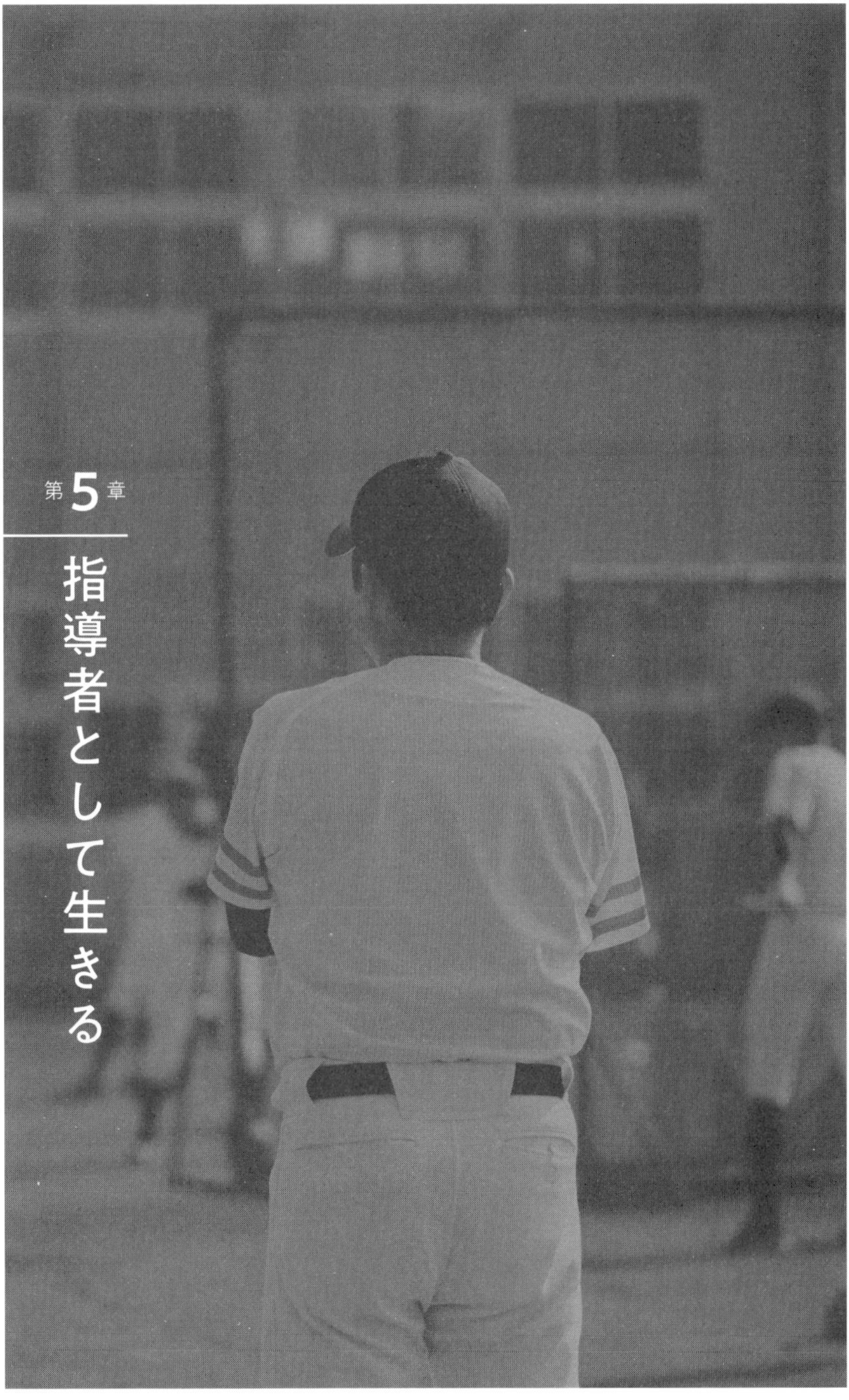

監督こそ誰よりも負けず嫌いであれ

私の性格を一言で表すのなら、この言葉に尽きると思う。

負けず嫌い――。

とにかく、負けるのがイヤな人間である。勝負事はすべて勝ちたい。だから、笑われるかもしれないが、じゃんけんが嫌いだ。なぜかというと、負ける可能性があるし、勝負運を使い果たしてしまう気がするからだ。同じ理由で、パチンコもやらない。高校野球の監督の中には、パチンコ好きの人が多いが、私はノータッチだ。

チームの中で一番の負けず嫌いは、監督である私で間違いない。監督が、「負けてもいいや」なんて思っていたら、絶対に強いチームは作れない。試合に負けた日は、1日中気分が悪いし、翌朝の目覚めもローテンションだ。負けを受け入れるまでに、時間がかかる。

一方で、勝った日は最高に気分がいい。特に、名前のある私立に勝ったときはうれしい。次の試合を考えながらも、勝利の余韻にひたっている時間は、監督経験者でなければなかなかわからないところであろう。

負けず嫌いの原点はどこにあるのかと言えば、2018年に93歳で亡くなった父の教えにある。小さい頃から、ケンカで負けて帰ってきたら、「もう1回、戦ってこい!」と言うような父だった。本人曰く、若い頃はボクシングをやっていて、地元・川崎市の大師界隈では、怖い人たちから「兄貴!」と慕われていたそうだ。白い上下のスーツに、黒いワイシャツで町を闊歩していたとか。どこまで本当かはわからないが、父親の〝武勇伝〟を聞きながら、「おれも強くなりたい!」と思ったことを覚えている。

私の生まれは川崎市だが、5歳の頃に今の相模原市に引っ越した。野山を駆け回ったり、山登りをしたり、とにかく外でよく遊んだ記憶がある。家にいるより、外で遊ぶのが楽しかった。

そのおかげもあったのか、運動が得意で、特に走ることには自信があった。冬にある相模原市のマラソン大会では小学1年から中学3年まで負けなしの9連覇。長男・健斗が小学校低学年のときには相模原元旦親子マラソン（手をつないでゴールテープを切る）があり、ここでも3連覇を遂げた。どんな競技であっても、そこに勝ち負けがあるのなら勝ちを目指して戦う。

なお、健斗は川崎北高でともに甲子園を目指したあと日体大に進学。卒業後、東京・法政大中の軟式野球部で部長・監督を務めたのち、法政大高に移り、２０２０年から監督に就いた。同じ指導者の道を選んでくれたのは素直にうれしい。昨年は県相のグラウンドで練習試合を行い、ツーショット写真を撮った。東京と神奈川なので、公式戦で当たるのは春の関東大会か甲子園、あるいは明治神宮大会しかないが、もし対決が実現したら、親として最高にうれしいことになる。

負けず嫌い話に戻すと、大学卒業してすぐに赴任した大沢中ではウエイトトレーニングにはまっていた時期がある。私より若い先生に柔道経験者がいて、ゴリゴリの体をしていたのだ。その先生に刺激を受けて、「この先生には負けたくない！」とトレーニングに励んだ。年下であろうが、やっぱり勝ちたい。

ウエイトトレーニングに取り組んだあとには、フルマラソンにも挑戦した。教員間で走ることが流行っていて、相模原市民駅伝にも出場していたのだが、「今度はマラソンに挑戦しよう」となったのだ。やるからにはいい記録を出したいと練習を重ねて、33歳のときに筑波のマラソン大会に初めて出場し、3時間28分だった。その後、サブスリー（3時間切り）を狙ったが、翌年の2度目のマラソンは3時間27分。腰を痛めてしまったこともあって、マラソン挑戦はそこで断念した。腰さえ万全であれば、3時間切りを狙えた自信はあるのだが。

それでも、マラソンを走ったことは何にも代え難い貴重な経験になっている。苦しいときに、自分から逃げるか、逃げずに戦うか。精神の鍛練として、これ以上のトレーニングはない。

現在、県相では年内最後の練習に、およそ22キロの江の島マラソンを行っている。呼吸が荒くなり、足がきつくなってきたときに、どれだけ踏ん張れるかがポイントだ。自分との戦いに勝てるかどうか。

各所には保護者に立ってもらうなどして、安全面には最大限の配慮をしている。保護者はお手製のプログラムまで作成してくれて、写真入りのコース紹介を掲載。「このあたりは車が多いから気をつけて、見ましょう」と、細かい注意点まで書いている。保護者の協力があってこそ成り立つ江の島マラソンであり、こういうところからも束の力を感じる。

余談だが、私は箱根駅伝を見るのが大好きで、家族で2区の中継所に繰り出すのが恒例行事になっている。母校・日体大の応援をしつつ、出場選手のアップをよく見ている。2020年は東洋大・相澤晃選手、東海大・塩澤稀夕選手の走りを見て、姿勢と足の巻き上げの美しさにほれぼれした。どんな競技でも、一流選手の動きは美しくて、かっこいい。

ライバル・原辰徳の存在

野球選手・佐相眞澄の話をすると、同学年に強力なライバルがいたことが、今の私を築いたと言っても過言ではない。

私は相模原市の上溝中で野球をやっていたのだが、同じ市内に大野南中・村中秀人（東海大相模～東海大～プリンスホテル／東海大相模監督～東海大甲府監督）、上鶴間中・原辰徳（東海大相模～東海大～巨人／巨人監督）という二大スターがいた。同級生なので、あえて敬称略でいかせてもらいたい。村中のカーブは、顔の高さから低めに落ちてくる落差があり、中学2年時に左打ちに変えたばかりの私には打てる球ではなかった。あんなカーブを見たのは、村中が初めてである。村中擁した大野南中は、関東大会準優勝に輝いている。

村中とは、指導者になってからも付き合いが深く、東海大相模の監督をしていたときには、東林中の教え子で、のちにセンバツ優勝投手に輝く筑川利希也（ＨＯＮＤＡコーチ）を預けた。川崎北の監督になってからは、2年目の春から練習試合をお願いするようになり、シーズン開幕の初戦を東海大甲府と行うのが恒例となった。甲子園常連校と早くから試合を組めたことによって、自分たちの力のなさを知ることができたことが、その後の川崎北の飛躍につながっていった。

原は、ボールを遠くに飛ばす能力に長けていた。上溝中グラウンドのレフトには校舎が建っているのだが、校舎の3階に当てたことがあって、度肝を抜かれた。バッティングには自信を持っていた私からすると、特に意識する存在だった。

高校は、村中と原は東海大相模に進んだが、私は法政二を選んだ。じつは、東海大相模から声がかかって練習見学にも行ったのだが、そこで原の父である原貢監督（当時）がガンガン厳しく指導している姿を見て、怖気づいてしまったのだ。もし、東海大相模に進んでいたら、どんな人生になっていたのかと考えることはある。法政二では甲子園に出場することはできず、2年夏は準々決勝で横浜商に、3年夏は2回戦で鎌倉学園に敗れた。

大学は体育教員の道も考えて、日本体育大へ。同じ首都大学野球リーグで、「ゴールデンルーキー」として騒がれていたのが東海大に入学した原である。私は勝手にライバル視していて、「あいつが500回スイングするのなら、おれは600回振ろう。絶対に原に追いついてやる！」と決めていた。向こうは、1ミリも意識していなかっただろうが。

大学時代で思い出すのが、1年生のとき、自由が丘にあった男子学生第一寮での日々だ。

夜、寮の屋上で素振りをするのが日課だったが、遠くに見えるマルイの灯りが消えていくのを見るたびに、おふくろ（母・よね）の顔が脳裏に浮かんだ。「何で、おれはここに来たんだろう。家に帰りたい。でも、負けちゃいけない」。葛藤していた記憶がある。当時は〝集合〟が当たり前で、毎日のように上級生にガンガンやられる時代だった。逃げたくなることもたくさんあったが、同期と励まし合うことで、何とか乗り切れた。

ただ、1年生から活躍していた原のことを思うと、差を感じる一方だった。追い付けなかった。力の違いを一番感じたのが、試合前のフリーバッティングである。当時の首都大学野球リーグは試合前に、2カ所のケージを使ったバッティング練習が行われていた。場所は川崎球場。原の練習を見ていると、10スイングで9本のホームラン。しかも、引っ張っても流してもホームランを放り込んでいた。私はというと、バッティングピッチャーに「インコースに投げてくれ」と注文したうえで、引っ張っての3本のホームラン。逆方向にも打てる原を見たときに、「おれにはプロ野球選手は無理だ。指導者を目指そう」と思うようになった。ある意味では、原が指導者の道に導いてくれたとも言えるのだ。

今は、同じ指導者になったが、もう雲の上の存在であり、「ライバル」なんて言える立場ではない。ファンのひとりとして、巨人を応援している。

「何でできないんだ？」はＮＧワード

――なぜ、はじめに中学野球の指導者だったのですか？

こう聞かれることがある。

私自身も、指導者をやるのなら、「高校野球で甲子園に出たい」との気持ちが強かった。それが、大学4年時に母校・上溝中に教育実習に行ったことで、心が変わったのだ。とにかく、中学生がかわいかった。授業でも、グラウンドでも、純真な笑顔で寄ってくる生徒たちに心が洗われ、「中学生に野球を教えて、ピラミッドの底辺を作るのも面白いんじゃないか」と思うようになった。プロを頂点とするのならば、ピラミッドの底辺にあるのが少年野球であり、中学野球である。ジュニア世代に正しい技術を伝えていけば、日本の野球のレベルは上がっていく。それが、中学で勝負したいと思うひとつの決め手となった。

ただ、大沢中に赴任した最初の6年間、主顧問を任されたのは水泳部だった。私自身、水泳は苦手で、理論にも詳しくない。でも、ここで役立ったのが、根っからの負けず嫌い精神だった。本を読んだり、人に聞いたりして勉強を重ねた。さらに、ハードな練習を課して、3月の寒い時期からでも屋外プールで泳ぐようにした。泳ぎ終わったあとには、ストーブでガンガンに暖めた保健室に走らせて、体を温める。練習量確保のために、通っていたスイミングスクールをやめさせて、部活に専念させることもした。結果、男女総合で市内6連覇を果たすことできた。

その後、野球部の監督となったのだが、最初に戸惑ったのは、中学生と大学生のレベルの違いである。今考えてみれば、当たり前のことだが、当時はそのギャップを理解するのに時間がかかった。

何でできないんだ――?

これが、私の悪い口癖になっていた。できないのを見ると、ついつい「何で?」と思ってしまうのだ。でも、それは選手本人が一番知りたいこと。当時の教え子たちには、イヤな思いをさせてしまったはずだ。「どうしたらできるようになるか」を教えるのが指導者の役割であり、それをかみ砕いて伝えられるようになるには、時間が必要だった。自分で体の構造を勉強したり、プロ野球選手の動画を見たりして、動きのひとつひとつを学んでいった。今も、「何でできないんだ?」と思うことがあるが、それは教え切れていない指導者の責任であることを自覚している。

そういう意味では、最初に中学生の指導に携われたことは、理論理屈を学ぶうえで貴重な経験となった。中学生は技術的にも精神的にもまっさらな状態であり、監督の指導によって、いかようにも変わっていく。それだけ、指導力が問われるため、より細かく丁寧に教えていく必要があるのだ。大学まで野球をやったからといって、経験則だけでは教えられない。中学の指導者を経験していなければ、間違いなく、今の私はいないと断言できる。

2校目の大沢中に移ったあと、1992年に横浜スタジアムで開催された全日本少年軟式野球大会に監督として初めて出場し、ベスト4に勝ち進んだ。当時、得意にしていた戦術がランナー三塁からのエンドランである。その後、中学軟式野球界では当たり前のように使われる技となったが、当時はまだ珍しかった。

私がどこで学んだかというと、軟式野球の強豪・川崎市水道局（天皇杯で日本一になった経験を持つ）である。試合を見に行ったときに、ランナー三塁から意識的にゴロを打ち、その間に三塁ランナーがホームを陥れる作戦を取っていたのだ。ゴム製の軟球は上から叩きつけるように打つと、よく跳ねる。内野手がどれだけうまくても、エンドランのタイミングでスタートを切られると、ホームでアウトにすることはできない。それに、スクイズと違って、2ストライク後にファウルを打っても3バント失敗にはならないので、打ち直しができるメリットもあった。

三塁からのエンドランは、地域によっては、「叩き」とも呼ばれることがあるが、私は上から叩いてゴロを打たせることはしなかった。そこは、私のポリシーであり、「高校野球で活躍する選手を育てるのが、中学野球の指導者の役割」と思っていたからだ。では、どうやって打っていたかと言えば、レベルスイングでボールの上っ面を打つように指導していた。ボールの上半分を打てば、必然的にゴロになる。ここを狙って打てるようになれば、ボールの中心を打つことも、下を打つこともできるだろう。日ごろのトスバッティングから、ボールのどこを打つかまでこだわって、取り組んでいた。

はじめのうちは、三塁ランナーはスクイズと同じタイミングでスタートを切っていたが、それが発展していき、ランナー三塁からの「セーフティエンドラン」となった。バッターがスイングを始めたところで、スタートを切る。三塁エンドラン対策として、ライバル校がウエストを使い始めたので、それに対抗するためにスタートを遅くするようにしたのだ。

軟式野球はロースコアの接戦が当たり前で、0対0で特別延長戦（無死満塁から）に入ることも珍しくない。そのため1点を取り、1点を守るためにどうするかをとことん究めていった。こうした経験も、今の指導に大きく生きている。

ツッパリたちを本気で叱り飛ばした事件

3校目の東林中では、就任2年目の1997年に初めて全国中学校軟式野球大会に出場して、ベスト8入り。翌年にも2年続けて勝ち進み、全中の準決勝まで勝ち上がった。ベスト8のときのエースが東海大相模に進んだ筑川で、2度目のエースが当時は2年生だった清原尚志だった。私は筑川が2年生のときに赴任したのだが、はじめはアーム投げのピッチャーだった。ヒジが伸びた状態でテイクバックを取っていたので、これを修正するためにこんな練習を行った。右足の外側（二塁ベース側）にパイプイスを置き、その上にボールを入れたカゴを乗せて、利き手で捕る。そのままヒジから引き上げていき、トップを作る練習を繰り返した。

清原は桐光学園に進み、2002年夏の神奈川大会を制し、夏は初めてとなる甲子園出場を成し遂げた。その後、東農大を経て、今は消防士として働きながら、県相のピッチングコーチを務めてくれている。教え子とともに甲子園を目指せているのは、このうえない喜びである。

全中に出場できたことも印象深い思い出として残っているのだが、それとともに、赴任した当初のバトルも忘れられない。

はじめは、放課後にサッカーボールで遊んでいるようなチームで、野手のほとんどがツッパリだった。当時は、ヤンキーというよりもツッパリ。たしか、赴任して数週間後のことと思うが、ツッパリたちが他校の気弱な子のモノを奪い取る事件が起きた。彼らは遊び半分だったのだろう。でも、私には許せなかった。周りに優しくできてこそ、本当に強い人間である。そもそも人のモノを勝手に取るなんて、許された行為ではないのは明らかだ。

私は、彼らを本気で叱り飛ばした。手も出した。今なら、許されない指導だったかもしれない。でも、本音を言えば、明らかに人に迷惑をかけたり、人を裏切るような行動を取ったりしたときに、教員が本気になって善悪の価値を教えなければ、子どもたちはどこで学んでいくのかと思う。それを説諭で伝えていくのが理想なのかもしれないが、それだけではわからないこともあるはずだ。

それに、「世の中には怖い大人がいる」と思わせることも、教員である大人の役割だと思っている。大人に本気で叱られた経験のある子が、今はどのぐらいいるのだろうか。ダメなことはダメ、悪いことは悪いこととして、しっかりと指導する。そこに関しては、どんなに時代が変わろうとも、見逃してはいけないところのはずだ。

なお、東林中時代には、原辰徳の甥である菅野智之投手と、何度も対戦した。当時は相模原市立新町中のエース。中2の夏、中3の夏と連続で当たり、いずれも新町中が勝利。彼を打ち崩せなかったことで、東林中は全中出場を絶たれた。中3夏、菅野投手は県大会で優勝を果たし、関東大会ベスト8にまで勝ち進んだ。市大会のメイン会場となる横山球場のバックネット裏には、菅野投手のおじいちゃんである原貢さんの姿がよくあった。

ピッチャーとしては、肩の使い方が硬いかなと思ったが、130キロ近いストレートとカーブを得意にして、外のコントロールにも長けていた。とはいえ、プロで沢村賞を獲るまでに成長するとはまったく思っていない。覚えているのは、いつかの試合でうちの主砲に3打席連続二塁打を打たれたとき、マウンド上で泣いていたことだ。泣きながら投げていた。その悔しさがバネになったのか、その次のイニングには球が速くなっていた。

菅野投手も相当な負けず嫌いな性格だったのだろう。そうでなければ、あれほどのピッチャーにはなっていない。どんなときも「原辰徳の甥」と見られることで、嫌な気持ちを抱いたこともあっただろうが、周囲の視線に負けずに努力を重ねた結果、今の立場にたどりついたはずだ。やっぱり、アスリートは負けず嫌いでなければ成長しない。

教え合うことによって野球界全体が成長する

中学時代にお世話になった指導者はたくさんいるが、はじめに道を作ってくれたのは法政二高の先輩となる小田川先生（修徳学園中で全中に2度出場／修徳高～修徳高軟式野球部～堀越高監督）である。当時は修徳学園中の監督をしていて、全中にも出場していた。大沢中時代に初めて練習試合を行い、「こんなに打てるチームはない。眞澄ちゃん、全国狙えるよ」と言ってもらえたことが、大きな自信になった。小田川先生から、石井忠道先生（松戸市立常盤平中、松戸市立第六中で全中出場／市船橋高～松戸国際高～敬愛大監督）や山本雅弘先生（星稜中で全中3度制覇／遊学館高監督）を紹介していただき、日本一を本気で目指す指導者と交流を深める中で、私自身も頂点を見るようになった。

面白かったのが、小田川先生、山本先生、石井先生、そして私の4人で、よく「研究発表会」という名の勉強会を開いていたことだ。お酒を飲みながら、何時間にもわたって野球談議を交わす。それぞれの理論を発表して、周りの先生からの意見を聞く。ときには生徒指導について相談するなど、至福の時間だった。

3人から感銘を受けたのは、自分が考えている理論や練習法を隠さずに、教え合っていた姿である。自チームが勝つことだけではなく、中学野球全体のレベルを上げようとする姿勢に大きな刺激をもらった。

山本先生とのつながりで、毎年3月下旬には石川県で開催される中学野球交歓会金沢大会に参加するようになった。3泊4日の遠征で、全国の強豪と対戦する。夜は日付が変わるまで指導論を語り合い、箸をバットに見立てて、打撃理論を説明することもあった。

中学野球に24年間携わる中で、私が一番感じたのは「指導者間の連携が強い」ということである。「ちょっと、うちの選手を見てほしいんですけど」とお願いすると、自分の学校の選手と同じように、真剣に指導してくれる監督が大勢いた。

冬場は、合同練習をたくさんやった。東林中時代は、週末ごとに合同練習が入っていた年もあった。日ごろ見ている東林中の選手とは違うので、イチから理論を伝えていくことになる。そうなると、自分の頭をもう一度整理するいい機会となり、大変意味深い時間となった。

若い先生であろうが、「勉強になる」と思えば、こちらから合同練習をお願いすることもあった。小田川先生のあとを継いだ修徳学園中の小野寺信介先生は、守備指導のスペシャリスト。冬場にさまざまなキャッチボールやフットワークメニューを教えてもらった。川崎北を教えているときは、この学びがベースとなり、守備のメニューを組んでいた。

誇りに感じるのが、私が指導している間に「中学軟式野球王国」と呼ばれるぐらい、相模原市全体のレベルが上がったことだ。夏の神奈川大会において、1998年から2005年まで相模原市勢が8連覇。最後の4年間は、相模原市同士の決勝戦だった。東林中が全中に出場したあとには、2000年と2002年に上溝中、2003年に内出中(第三位)、2004年に再び内出中が全中の舞台を踏み、2005年の全日本少年では上溝中が相模原市勢として初めて日本一を成し遂げた。内出中の武内信治先生(現・大野北中監督)、上溝中の水野澄雄先生(現・相模丘中校長)らと切磋琢磨しあいながら、指導力を高めていった。私は打撃で、武内先生はバッテリーを中心とした守り、水野先生は足を絡めた攻撃と、色がハッキリしていたところも面白かった。

今は、部活動ガイドラインの適用によって、長時間の練習ができなくなっているが、そうした環境の中でも、前任の大沢中で2014年に全中ベスト8に進んだ内藤博洋先生(現・相陽中)や、筑川とともに東海大相模でセンバツ優勝を果たし、前任の上溝中で全日本少年に出場した星野直人先生(現・新町中)らを中心に、相模原を引っ張ってくれている。東林中時代の教え子である三輪健介も、緑が丘中の監督として2019年夏の関東大会出場（大野台中との合同チーム）を果たした。

高校に上がる前、私は「相模原で育った選手とともに戦い、甲子園を目指す」という野望を持っていた。指導力の高い先生に教わった子たちであれば、甲子園を狙えると思っていたからだ。実際、川崎北に移ったあとは、東林中の教え子や上溝中、大沢中出身の選手が、遠い川崎の学校をわざわざ選んでくれた。2007年秋ベスト4、2008年夏ベスト8に入った代は、一番打者から上溝中・織田慎太郎、東林中・松下和矢、上溝中・白井綾、上溝中（海老名シニア）・佐相と、相模原市出身者が並んだ。

現在の県相は、地元ということもあり、川崎北のとき以上に相模原市内の選手が多い。「県相で野球をやりたい！」と勉強を頑張ってくれていることを聞くと、うれしくなる。2014年夏にベスト16に進んだときのエース左腕・新井慎也は上溝中の出身で、中学時代は外野手だった。高校から本格的にピッチャーになり、学習院大でもエースとして活躍した。2015年春に関東大会に出場したときの宮崎晃亮は旭中の出身で、進学した立教大でもリーグ戦で登板を果たした。2019年のメンバーで見れば、キャッチャーの風間が相模台中の主軸として関東大会に出場した実績を持っている。

学校行事に本気で取り組む

野球部の話ばかりしているが、当然のことながら、私はイチ教員である。学級経営、教科指導があっての部活動となる。

若いころから、クラス担任を持つのが好きで、特に行事には力を入れていた。ここでも負けず嫌い精神が働き、どうせやるのなら勝ちたい。たとえば、合唱コンクール。不思議なもので、野球で結果を残している教員は合唱コンクールも強い。私も、ずっと勝ち続けていた時代があった。校庭の端から端まで届くボリュームで、声を出す練習をするなど、本気で取り組んだ。

勝つことによって、みんなで喜びを分かち合うことができるし、今までに見えなかった景色を目にすることもできる。もちろん負けることもあるのだが、すでに述べたように勝ちを本気で目指すからこそ、負けても得るものが出てくるのだ。

よく覚えているのは、国語科の女性の先生に負けたことだ。歌詞の朗読から教えて、その意味を感じさせてから、歌に入っていた。だから、ほかのクラスと比べると、感情の込め方が違った。素晴らしい合唱で、「これは負けた……」と素直に負けを受け入れた。

「学校の行事に、そんなに一生懸命に取り組まなくてもいいのに」と思う人もいるかもしれない。今は授業優先で、行事にかける時間が減る流れにもなっている。たしかに、授業が大事なのはわかる。それでも、クラス全体でひとつの目標に向かって、みんなで何かをやり遂げようとする経験は、大人になってからは味わえないものである。言葉にすると軽くなってしまうが、行事を通して「やればできる！」という成功体験を少しでも積ませてあげたい。それは、部活も同じである。

体育祭にしても、文化祭にしても、一生懸命に本気で取り組むからこそ、思い出に残るし、見に来てくれた人を喜ばせることができる。野球部の話で言えば、グラウンドとはまた違った顔が見えることがあって、「こんなに気遣いができる子なんだ」と驚くこともある。教員としては、球技大会やハロウィンで仮装するなどして、生徒を笑わせるのも楽しい。

クラスも授業も行事も部活も、それらすべてを含めての学校生活である。部活だけ頑張っていても、周りからの信頼を得られないのは、生徒も先生も一緒。結局のところは、目の前のことに一生懸命になれる人間が、信頼と人望を得ることができる。これは、社会に出ても同じことが言えるだろう。

一番の戸惑いはポジショニング

話が前後するが、なぜ高校の教員に転身したかというと、研究会のメンバーであった山本先生が2000年秋に遊学館、小田川先生が2001年秋に修徳、石井先生が2002年春に市立船橋の監督に就任したことが大きかった。山本先生は2002年夏に創部して間もない遊学館を甲子園に導くと、小田川先生も2004年夏に甲子園の土を踏み、古豪を復活させた。石井先生も秋の関東大会に出場するなど、甲子園を狙える位置にいた。うれしさ半分、悔しさ半分。「おれも高校で勝負したい」という気持ちが湧いてきたのだ。

そして、2004年に県内では6年ぶりとなる、中学から高校への保健体育科の転任希望者が募集された。このあたりは、自分の人生は本当にツイていると思う。「全中で頂点を獲ってから、高校に挑戦する」と思っていた時期もあったが、現実問題としてそれでは時間がかかりすぎてしまう。次の募集が何年先にあるかも、わからない。妻に相談すると、「やりたい野球をやって、教員として全うすれば」と背中を押してくれた。

高校野球を指導するようになって、最初に感じたのは「高校生は納得してくれないと動いてくれない」ということだ。素直な中学生は「右向け右」で通じたところがあったが、自我が芽生えている高校生はそうはいかない。だから、「佐相の言うことを聞いたら、打てるようになる」と自らの体で変化を感じないと、納得しないところがあった。

正直、はじめは遠慮がちなところもあった。中学ではガツンと叱っていたところも、「大人に近づいている高校生にそこまで言っても……」という想いもあったのだ。その遠慮がなくなってきたのは、就任2年目の新チームからだ。3年生を送る会のときに、「監督さん、ぼくたちは厳しくされても構いません」と言ってくれたのだ。この代が翌年夏（２００７年）に横浜隼人に打ち勝つなどして、ベスト16入りを果たした。

「軟式と硬式で何か考え方は変わりますか？」と聞かれることも増えた。1試合に入る得点数は違うし、軟式ではほぼありえなかったホームランも出る。細かいところを言えば、バッティングも守備も指導法に違いはあったと思うが、そこまで気にはしなかった。

それよりも対応するのに一番時間がかかったのが、ポジショニングである。特に外野手をどこに守らせるか。今も悔やむのが、２００７年秋の準決勝、慶応義塾戦だ。この代はバッティングに自信がある一方、投手力に課題があったため、「バントで1点取っても仕方ない。打って勝つしかない」と送りバントをやらずに、ベスト4まで勝ち上がった。送りバントのサインは一度しか出していない。3回戦で桐蔭学園に10対1の7回コールド勝ちを収めると、準々決勝では強打線が売りの横浜創学館に18対8で打ち勝った。

慶応義塾戦も先に3点を取り、主導権を握った。迎えた5回裏に1点を失い、なおも2アウト一、二塁のピンチ。打席には四番の右打者・鈴木裕司選手。初球、インコース寄りの甘いストレートをとらえられると、レフト頭上を越える同点三塁打となり、その後のタイムリーで逆転された。

試合後、横浜の小倉部長（当時）から「いいチームだな」と褒めてもらったあと、「外野の守備が浅すぎるよ」とダメ出しをもらった。2点リードしている場面で、打席には四番打者。二塁ランナーは返してもいいので、同点となる一塁ランナーをホームに返さないシフトを敷かなければいけなかった。あのときは定位置。長打警戒で目一杯下げておけば、ふつうに捕れていた当たりだけに、自分自身の指示の甘さを悔いた。

ポジショニングは今も勉強しているところだが、長打警戒のバッター（場面）であれば、外野は後ろに下げて、なおかつ右中間、左中間を詰めるのが鉄則となる。ただ、大前提としてあるのはピッチャーの制球力だ。キャッチャーの構えたところに投げられるコントロールがなければ、ポジショニングが裏目に出るリスクもある。

インターネットの掲示板はスルー

もうひとつ、中学野球と高校野球の違いを挙げるのなら、世間の注目度がまったく違う。メディアの数も違えば、取り上げてもらうスペースや量も、中学野球とは比べ物にならない。基本的に「目立ちたがり屋」の性格なので、注目されることはうれしく、取材もウエルカムだ。

ただひとつ、高校の指導者になってから悩まされたのがインターネットの掲示板だ。川崎北に赴任した当初は、どんなことが書かれているのか興味があって、「怖いもの見たさ」でついつい見ていた。そこには、采配批判があったり、長男・健斗との親子鷹に対する批判があったり、目を覆いたくなるようなことも書いてあった。事実であれば我慢もできるのだが、尾ひれがついたような話も多々あり、さすがに心を痛めた。

しかも、相手は匿名だ。これは、今のツイッターにもつながるところであるが、匿名で好き放題に書かれてしまうと、こちらは何も対応できない。ネット上で、わざわざ反論するのも何だか違う。ネットの声が少数意見だったとしても、ネットで話題になると大多数の考えのように広まっていく怖さも感じた。

あのときは、掲示板で戦ってくれている支援者もいたので、見てしまうところもあった。しかし、掲示板のようなものは、自分の精神状態を保つためにも見ないほうがいい。

大事なのは、他人の目や声を気にするのではなく、目の前にいる子どもたちのために時間を費やすこと。それが一番大事であることに気づくことができた。

おそらく、どんなに世間から評価されているリーダーであっても、良く思う人がいれば、「あいつなんて全然ダメだよ」と悪い印象を持っている人もいるだろう。100パーセント誰からも支持されている人など、いないはずだ。そう思っておけば、外野からの批判の声に、いちいち心を乱されなくて済む。

そう考えると、私立の伝統校を率いる監督は本当に大変だと思う。「おれたちの頃は、もっと練習が厳しかった」とか「バントをしないから勝てないんだ」とか、強い時代のOBからいろんな声が聞こえてくるはずだ。私立は推薦があり、能力の高い選手のもとで戦えることを羨ましいと思うこともあるが、公立とは比較にならないほど、勝利へのプレッシャーがあるだろう。「勝って当たり前」という目で見られるほど、辛いこともないはずだ。どんな勝負でも、戦ってみなければわからないのだから。

〝上書き〟ではなく〝上乗せ〟が大事

すでにお話ししたように、LINE、ツイッター、フェイスブックを有効的に活用している。本当に、便利な世の中になったと思う。ユーチューブやバズビデオなども見ているが、「これは面白い」という理論や考え方があれば、自分で試してみることも多い。

私は、自分の理論に〝上乗せ〟するのが好きである。〝上書き〟ではなく〝上乗せ〟で、書き換えるのではなく、新しいものを上に乗せていく。あくまでも、土台は自分自身の考えであり、そこにプラスしていく。指導者自身も年齢を重ねるとともに、進化していかなければいけない。10年前とまったく同じ考えでは、成長していないことになる。

ただ、文明の利器を十分に生かしながらも思うのは、大事なことは人と会い、人と話し、人から学ぶことだと思う。たとえば、今、県相でやっている守備ドリルは、駿台学園中でコーチを務める勝谷大先生から教わったものである。勝谷先生が県相にバッティングを学びに来たときに、守備の指導法を教えてもらった。駿台学園中は2018年夏の全中でベスト4に入るなど、全国常連の力を持つ強豪だ。軟式であろうが、中学校であろうが、良いと思ったことはどんどん取り入れていく。

キャッチャーの指導法は、日大藤沢の山本秀明監督から教わったことがベースになっている。3～4年前だっただろうか、練習試合を終えたあと、「うちのキャッチャー見てください！」とお願いしたところ、考え方から練習法まで、あらゆることを丁寧に教えてくれた。山本監督には、東林中の教え子が何人も進学していたこともあって、大変お世話になっている。2007年にセンバツに出場したときに、四番サードを任されていた菅野泰史が東林中のOBだった。2019年夏の準決勝で、県相が勝っていれば、甲子園をかけて山本監督と対決することができたのだが、うちが負けたことで幻に終わってしまった。

ピッチャーに関しては、すでに紹介した大崎の清水監督のほかに、成田の尾島信治監督から教わったことも指導に生かしている。良いと思ったことがあれば、積極的に聞いて、吸収していく。

数年前からは、県相のグラウンドで県内外の公立の指導者を集めての勉強会を開いている。私がバッティングを担当し、ほかの指導者が別の分野を担当する。こうして考え方を出し合うことで、また新たな指導法が見つかることがあるわけだ。自分だけの世界で戦おうとしているうちは、なかなか上乗せすることはできないだろう。

オンとオフの切り替えを大切にする

普段から勝ち負けの場に身を置いていることもあり、グラウンドにいないときぐらいは、勝負から離れたいと思うようになった。これは、歳を重ねてから特に感じていることだ。負けず嫌いな性格だからこそ、勝ったときは誰よりもうれしいし、負けたときは誰よりも落ち込む。その感情を日々の生活にまで持ち込むと、心が安らぐときがなくなってしまう。

グラウンドから離れたオフを大事にするために、3年前からスキューバダイビングを始めた。以前から海が好きで、シュノーケリングで潜ることはあったのだが、だんだん物足りなくなってきてしまった。「もっと深く潜りたい。知らない世界を見てみたい」と思い、ライセンスに挑戦しようと思ったのだ。

3年前、59歳のときに沖縄・石垣島で4泊5日の合宿を行い、めでたくライセンスを取得することができた。はじめのうちは深いところがなかなか慣れなくて、音を上げそうになったときに、ダイビングショップのオーナーから「選手も頑張っているんだから、監督も頑張らないと」と声をかけられたのが、一番思い出深い。「これは、おれも頑張らないといけない」と、心を奮い立たせてくれた。

水深40メートル近くまで潜ると、海の色が一気に変わって、まったく知らない景色が広がってくる。ウミガメやマンタと出会えたときは、本当に感動した。59歳にして、新しい世界に触れられたことが、何よりうれしい。

毎回、石垣島に行くわけにもいかないので、2年前からは葉山の「ダイビングショップナナ」さんにお世話になり、時間を見つけては潜っている。海の中にいるときは、〝無〟の状態になり、頭がフラットになる。野球のことを、一切忘れることができる。「24時間、野球のことを考えている」と言う監督もいるだろうが、私はそういうタイプではない。それでは頭が疲れてしまい、監督自身が野球に集中できなくなるように思う。

最近はカメラにも興味を持ち始めていて、水深100メートルの深さでも撮れる水中カメラを買った。ダイビングスーツも新調した。好きなことになると、とことんはまっていく性格かもしれない。

ちなみに、BCジャケットやインフレーターは、メルカリでゲットした。メルカリも重宝していて、使わなくなったものはメルカリで売り、それを資金にして、欲しいものを購入することが多い。自分で言うのもおかしいが、61歳の年齢にしては、スマホのアプリを使いこなしているほうだと思う。

もうひとつ、2年ほど前からはまり始めたのが「苔テラリウム」だ。耳慣れない言葉あまりかもしれないが、苔で作る「苔アート」である。昔から、山を散歩するのが好きで、そこに生えている苔に目がいくことが多かった。何だか、妙にきれいに感じていたのだ。ネットで調べてみたところ、「苔テラリウム」という言葉にぶつかり、見よう見まねでいろいろと作るようになったのだ。

山にまで行かなくても、苔を取ることはできる。学校の敷地内にも、きれいな苔がたくさんあり、それを使って「となりのトトロ」の世界を再現したこともある。校舎内に「攻め机」と呼ばれる自習用の机があるのだが、そこの近くには私が作った作品がいくつか置いてある。

苔テラリウムに没頭しているときは、スキューバダイビングのときと同じように、無の精神状態になっているものだ。ただただ、ひとつのことに集中している。私にとってはこの時間があるから、戦いの場となるグラウンドでも頑張ることができる。

そして、両方に共通しているのは、相手と戦うものではないことだ。すなわち、勝ち負けがない。それで良いのだ。

「人生打ち勝つ」

人生打ち勝つ――。

これが、私の座右の銘である。

守りに入らずに、常に攻めていく。それは、野球だけでなく、人生もそうだ。「このぐらいでいいだろう」と現状維持を考えるようになったら、そこで進歩は止まる。前に前に攻めていくことが、野球でも人生でもいい結果につながっていくはずだ。

だから、春の関東大会に出ても、夏のベスト4に入ろうとも、達成感はまだない。今の目標である「甲子園1勝」を達成するまで、自分自身の指導力をもっと高めていかなければいけない。

毎年夏に負けるたびに、「神奈川を勝つには何が必要ですか?」と記者のみなさんから質問を受ける。代が変わるたびに、チームとして少しずつ成長している手ごたえはあるのだが、神奈川を制するまでにはいたっていない。やはり、私学四天王の壁は分厚く、高い。だからこそ、面白い。四天王に勝つ力が備われば、必然的に甲子園でも戦えるチームになれるはずだ。

今年8月で62歳となる。もう、監督として残された年数は長くはない。「県相で野球をやりたい」と入学してきてくれる選手とともに戦えるのも、あとわずか。おかげさまで、「県相の野球部をサポートしたい」と、メンタルトレーナーの東さんのほかに、トレーナーの千葉啓史さん、学校の近くにある「高橋整骨院」の高橋三叔院長、「なな接骨院」の星野秀行院長ら、数多くの人に力を貸していただける環境になった。応援してくれる人が増えれば増えるほど、それが大きなエネルギーとなり、チーム全体に力を与えてくれる。

神奈川を制するために、何が必要か。

野球の技術的なことで言えば、やはり、投手陣となる。現代の高校野球は、ひとりのピッチャーだけでは戦えないのは明らかなこと。右腕と左腕のダブルエースに、試合を作れる右のサイドスローがいるのが理想だ。そのためには、ピッチャーの指導方法を勉強していかなければいけない。

トレーニングも年々バージョンアップしているが、まだまだ、もっともっとやれることがあるはずだ。私立に打ち勝つには、技術だけでなく、速く強い球を打ち返すパワーも必須となる。

そして、強豪私立で戦うことを考えている中学生に、「おれも県相で野球をやりたい。本気で甲子園を目指してみたい！」と思わせるような、取り組みをしていく必要もある。意識と能力の高い選手が増えていかなければ、激戦の神奈川を勝ち抜くことはできない。そのためには、結果を残し続けること。結果を出すことが、中学生に向けた一番のアピールとなっていく。

何度も言うが、私は負けず嫌いの人間である。戦いの場にいる限りは、どこの高校にも、どこの監督にも負けたくない。これからも、選手、指導者、保護者、学校、地域とともに束になって、夢を追い続ける。

TENSO

構成
大利 実

ブックデザイン
松坂 健（TwoThree）

写真
山下 令

写真提供
中川恵子（P239）

編集
滝川 昂（カンゼン）

打撃伝道師

神奈川から甲子園へ――県立相模原で説く『コツ』の教え

発行日　2020年2月27日　初版

著　者　佐相眞澄
発行人　坪井義哉
発行所　株式会社カンゼン
〒101-0021
東京都千代田区外神田2-7-1 開花ビル
TEL 03（5295）7723
FAX 03（5295）7725
http://www.kanzen.jp/
郵便為替 00150-7-130339
印刷・製本　株式会社シナノ

ISBN 978-4-86255-542-7
Printed in Japan
定価はカバーに表示してあります。

ご意見、ご感想に関しましては、kanso@kanzen.jpまでEメールにてお寄せ下さい。お待ちしております。